PROFIL BAC

Collection créée par Georges Déc

Supplément au Voyage de Bougainville

DENIS DIDEROT

SYLVIANE ALBERTAN-COPPOLA

Ancienne élève de l'école normale supérieure
de Fontenay-aux-Roses
Agrégée de l'Université, docteur ès-lettres
Professeur à l'université de Valenciennes

Sommaire

 ISSN 0750-2516 ISBN 2-218 **74200-4**

Lectures analytiques

Les indications de pages renvoient à l'édition « Libretti » du Livre de poche, n° 13809.

Les mots suivis d'un astérisque renvoient au lexique, page 137.

FICHE PROFIL

Supplément au Voyage de Bougainville (rédigé en 1772)

Denis Diderot (1713-1784)

Conte philosophique dialogué — XVIIIe siècle

RÉSUMÉ

L'œuvre se présente comme un dialogue entre deux personnages anonymes, *A* et *B*, au sujet du *Voyage autour du monde* (1771) de Bougainville. La conversation s'engage un jour de brouillard. La lecture d'un « Supplément » au récit de Bougainville que *B* a entre les mains sert de point de départ à une comparaison entre les mœurs des Tahitiens et celles des Européens.

L'œuvre se décompose en cinq temps, qui ne suivent pas l'ordre chronologique de la découverte de Tahiti. Après la première section, le « Jugement du Voyage de Bougainville », la deuxième section livre au lecteur « Les adieux du vieillard », prononcés au moment où Bougainville et son équipage quittent l'île. Puis la troisième et la quatrième sections reviennent en arrière pour présenter l'« Entretien de l'aumônier et d'Orou » qui se situe au moment de l'arrivée des voyageurs français. Enfin la cinquième section donne la « Suite du dialogue entre *A* et *B* », sur laquelle s'achève l'œuvre.

La composition du texte suit donc plutôt l'ordre logique de la discussion. Afin de vaincre le scepticisme* de de *A, B* apporte la caution du discours anticolonialiste du vieux Tahitien et celle de l'entretien antichrétien entre l'aumônier de l'équipage et son hôte Orou. À l'issue de ce parcours critique, il est alors possible à *B* de conclure : plutôt que de changer les lois, il est plus prudent de s'y soumettre en attendant qu'on les réforme. Et le brouillard se dissipe, comme un symbole de la pensée qui s'éclaire.

PERSONNAGES PRINCIPAUX

– *A* : sceptique* face à l'enthousiasme de *B*, il émet des réserves sur la société tahitienne. Il représente les doutes du lecteur et peut-être les objections que Diderot se fait à lui-même.

– *B* : émerveillé par la lecture du *Voyage autour du monde* de Bougainville, il tente de communiquer son enthousiasme à *A*. Il est le porte-parole de l'auteur, dont il exprime les critiques de la société et la foi dans les Lumières.

– **Le vieillard tahitien** : un des chefs de l'île, âgé de plus de quatre-vingt-dix ans, il possède le recul nécessaire pour prévoir les effets à long terme de la venue des Blancs dans l'île. Il se fait l'écho des sentiments anticolonialistes de Diderot.

– **Orou** : plus jeune (trente-quatre à trente-cinq ans), il intervient lors de l'arrivée de Bougainville en accueillant chez lui l'aumônier de l'équipage. Il a, avec lui, un long entretien, dans lequel il contribue par ses questions naïves à remettre en cause le christianisme.

– **L'aumônier** : dans la force de l'âge comme Orou, il ne tarde pas à se laisser séduire, malgré ses efforts pour résister à la tentation, non seulement par les femmes de la maison d'Orou mais peut-être aussi par ses idées. Il est l'instrument de la satire* anticléricale de Diderot.

CLÉS POUR LA LECTURE

1. Le dialogue diderotien

Distribution des idées de l'auteur entre les différents interlocuteurs : *B*, le vieillard tahitien, Orou, Miss Polly Baker.

2. La critique de la Vieille Europe

Remise en cause par comparaison avec le modèle tahitien des sociétés européennes, hypocrites et corrompues.

3. Le mythe tahitien

Peinture idéalisée des mœurs libres et heureuses des Tahitiens, répondant au goût du public du XVIIIe siècle pour l'exotisme.

Repères biographiques

DE L'ENFANCE À LA BOHÈME PARISIENNE

Fils d'un coutelier aisé et conservateur, Diderot naît à Langres en 1713. Cette origine langroise fera de lui, dit-il, un être changeant : « Les habitants de ce pays ont beaucoup d'esprit, trop de vivacité, une inconstance de girouettes », écrit-il, le 10 août 1759, à son amie de cœur Sophie Volland. Élève des jésuites, il est destiné à devenir chanoine. À cet effet, il est tonsuré à l'âge de treize ans mais ne peut hériter du canonicat de son oncle. En 1728, il part pour Paris, où il poursuit de bonnes études, au cours desquelles sa foi s'affaiblit. Reçu en 1732 maître ès-arts de l'Université de Paris, le jeune Diderot commence une carrière juridique, à laquelle il renonce bientôt pour mener une vie bohème faite de petits métiers et d'aventures galantes. En 1743, il épouse, contre l'avis de sa famille, la lingère Antoinette Champion. Il se lie aux philosophes de son temps, notamment, en 1742, à Jean-Jacques Rousseau. En 1749, il est incarcéré au donjon de Vincennes à la suite de la publication de la *Lettre sur les aveugles*. C'est le début d'un itinéraire intellectuel qui conduira le philosophe Diderot du déisme* prudent de sa première œuvre originale, les *Pensées philosophiques* (1736), à l'athéisme affiché dans *Le Rêve de d'Alembert* (1769).

L'AVENTURE ENCYCLOPÉDIQUE

En 1750 commence, avec le « Prospectus » de l'*Encyclopédie*, une aventure qui allait durer plus de vingt ans : la bataille encyclopédique. Cet ouvrage ne devait être à l'origine que la simple traduction du dictionnaire anglais de Chambers, *Cyclopedia* (1728), qui avait obtenu outre-Manche un immense succès. Mais très vite, sous la houlette du directeur Diderot et de son associé d'Alembert, l'ouvrage se transforme en instrument de guerre contre l'Église et l'État. Dès la publication du second volume en 1752, le Conseil d'État du roi ordonne la suppression de cet ouvrage dangereux pour la religion, le gouvernement et les bonnes mœurs. Cependant, grâce à la protection du directeur de la librairie, Malesherbes, la publication continue, au rythme d'un volume par an entre 1753 et 1757, jusqu'à la révocation du privilège d'impression en 1759. Ce n'est qu'en 1765 que peuvent enfin paraître les volumes VIII à XVII du grand dictionnaire, que les auteurs avaient continué à préparer en sous-main. Diderot, parlant à son ami le philosophe Damilaville, peut alors enfin s'exclamer, soulagé : « Le grand et maudit ouvrage est fini. » Mais l'aventure ne s'achèvera à proprement parler qu'en 1772, lorsque sera publié le dernier des dix volumes de planches.

LA VIE PRIVÉE

Accablé pendant cette longue période par sa tâche de directeur de l'*Encyclopédie* et aux prises avec les libraires, Diderot connaît aussi quelques déboires dans sa vie privée : mésentente avec son épouse, heurts avec son frère chanoine, brouille retentissante avec son ami Jean-Jacques. Mais il retire beaucoup de satisfactions de son rôle de père. Il apporte un soin tout particulier à l'éducation de sa fille Marie-Angélique et souffre terriblement de la séparation quand, en 1772, elle se marie. Parallèlement, il noue une relation sentimentale avec Sophie Volland, qui donne lieu à une longue correspondance, précieuse pour les études diderotistes.

UN TALENTUEUX POLYGRAPHE

C'est aussi pendant cette période mouvementée que Diderot rédige la plupart de ses œuvres romanesques : *La Religieuse*, violente satire* des couvents ; *Le Neveu de Rameau*, dialogue philosophique entre le philosophe et un marginal contestataire ; *Jacques le fataliste*, sorte d'antiroman et bien sûr le *Supplément au Voyage de Bougainville*, virulente remise en cause des sociétés européennes.

Celui que l'on a appelé «touche-à-tout de génie» entame également une carrière de dramaturge. Ses pièces ne sont pas restées immortelles mais ses théories dramatiques eurent une forte influence sur l'histoire du théâtre, en particulier le *Paradoxe sur le comédien*, qui soutient que le meilleur comédien est un comédien de sang-froid. On le donne pour l'inventeur du drame bourgeois, genre intermédiaire entre la tragédie et la comédie et qui se veut plus proche du public. Dans le domaine esthétique, il exerce aussi sa plume comme critique d'art en rédigeant les *Salons* entre 1759 et 1781, à l'occasion des expositions de l'Académie royale de peinture et de sculpture qui avaient lieu tous les deux ans.

LE SAGE VIEILLISSANT

Aussitôt libéré de la tâche encyclopédique, Diderot accepte, en 1773, l'invitation de la tsarine Catherine II de Russie. Il joue alors auprès d'elle, pendant sept mois, un rôle de penseur. Les entretiens journaliers qu'il a avec elle, pendant son séjour en Russie, sur les impôts, l'éducation, les hôpitaux et d'autres problèmes de société sont consignés dans les *Mémoires pour Catherine II*. De son retour à Paris en 1774 jusqu'à sa mort en 1784, le philosophe mène une vie assez calme, à l'image du vieux Sénèque, retiré de la vie publique auquel il s'identifie plus ou moins dans son dernier ouvrage, *Essai sur les règnes de Claude et de Néron* (1782).

PREMIÈRE PARTIE

Résumé et repères pour la lecture

« Jugement du Voyage de Bougainville »

RÉSUMÉ

En attendant que le brouillard se lève, *B* lit le récit de voyage de Bougainville. Il fait part de sa lecture à *A* qui l'interroge. Ce mathématicien, explique-t-il, a affronté les périls de la mer pour faire le tour du monde. Il a ainsi contribué au progrès des connaissances géographiques. Il a aussi observé des « choses singulières », telles que l'anthropophagie, l'infibulation des femelles et les géants Patagons. Mais la plus grande curiosité est sans doute le jeune Tahitien Aotourou que Bougainville a ramené en France.

Le scepticisme* de *A* devant ces « merveilles » pousse *B* à lui communiquer le « Supplément » qui a été ajouté au *Voyage* de Bougainville. Ce qui suit est donc donné pour le texte du « Supplément », que *A* et *B* parcourent ensemble en le commentant.

REPÈRES POUR LA LECTURE

Portrait d'un navigateur éclairé

L'admiration de Diderot perce derrière le portrait élogieux que *B* fait de Bougainville. Ce navigateur possède les qualités d'un homme des Lumières : la sociabilité, le désir de s'éclairer, la connaissance des sciences et surtout de la philosophie. Cette image idéalisée que l'auteur donne de lui par l'intermédiaire de son personnage *B* cautionne la véracité de son témoignage et sert de cette manière le progrès des Lumières.

Les curiosités du voyage

En faisant énumérer par *B* les « choses singulières » que Bougainville a rapportées dans son récit de voyage, Diderot répond d'abord au goût du lecteur de son temps pour l'exotisme. Certes l'anthropophagie, le sacrifice des enfants, la castration des mâles, l'infibulation des femelles ne sont pas dissimulées. Diderot sacrifie néanmoins au mythe du bon sauvage en vantant la douceur des géants Patagons et en brossant un portrait positif du jeune Aotourou, ramené en France par Bougainville. Il se dégage de cette description une image idéalisée de Tahiti, présentée comme la seule contrée qui ait donné à *B* (Diderot) l'envie de vivre ailleurs que chez lui.

Le symbolisme du brouillard

Les notions scientifiques précises sur la formation du brouillard qui ouvrent l'œuvre révèlent les préoccupations scientifiques du directeur de l'*Encyclopédie*. Elles possèdent en outre une valeur symbolique : ce brouillard épais qui empêche les personnages de voir les arbres voisins figure l'obscurcissement de leur esprit au début de l'échange verbal. C'est, significativement, seulement à la fin de la discussion sur le *Voyage* de Bougainville que le brouillard retombe. Alors «l'azur du ciel commence à paraître». Autrement dit, les interlocuteurs y voient plus clair sur la question des sauvages. Mais le voile ne sera totalement levé qu'à la fin de l'œuvre.

Le «Supplément» dans le *Supplément*

On note d'emblée un illogisme dans la composition de l'œuvre : le «Supplément» au *Voyage* de Bougainville, que *B* fait lire à *A*, est la partie d'un tout nommé lui aussi *Supplément au Voyage de Bougainville*, c'est-à-dire l'œuvre dans son entier. On a donc affaire à une mise en abyme*, à savoir l'insertion dans un texte d'une évocation de ce même texte. En se renvoyant ainsi en miroir, le texte pose la question du genre auquel il appartient. Est-ce un compte rendu de livre ? un complément donné à ce livre ? ou plutôt un dialogue sur ce livre ? On serait tenté de répondre que cette œuvre (l'hypertexte*) relève tout simplement du genre particulier du supplément, avec les va-et-vient féconds que cela suppose par rapport au texte de départ (l'hypotexte*).

« Les adieux du vieillard »

RÉSUMÉ

L'auteur pratique un retour en arrière dans la distribution des séquences en s'arrêtant non pas à l'arrivée de Bougainville et de son équipage sur l'île mais à leur départ. Il donne la parole à un vieux Tahitien en colère. Pour satisfaire la vraisemblance, il prend soin de préciser que Bougainville avait la traduction espagnole de ce discours à la main pendant que le Tahitien parlait.

Ce discours véhément s'adresse aux Tahitiens qui pleurent de voir les Français partir. Le vieillard leur prédit un retour sanglant des voyageurs, suivi de la décadence de leur peuple. Puis il traite leur chef Bougainville de brigand pour avoir introduit à Tahiti le sens de la propriété. Il soutient que sa venue a entraîné des conflits, des maladies et la corruption des mœurs, et il l'exhorte vivement à s'éloigner.

B revient ensuite à l'arrivée des colons et annonce la séquence suivante, qui met en scène un Tahitien hospitalier qui, le jour du débarquement, a accueilli chez lui l'aumônier de l'équipage.

REPÈRES POUR LA LECTURE

L'anticolonialisme

Le terme de colonialisme n'existe pas encore quand Diderot écrit ; d'après le dictionnaire *Robert*, il n'apparaîtra dans la langue française qu'en 1902. Mais on peut dire que Diderot manifeste, par la bouche de son personnage, des sentiments anticolonialistes avant la lettre (c'est-à-dire avant la création du mot). Alors que le peuple tahitien a accueilli à bras ouverts les colons et semble y avoir trouvé son compte, le vieillard accuse violemment Bougainville et les siens d'avoir apporté le malheur sur l'île. Il le fait avec une telle éloquence que *A* croit y retrouver « des idées et des tournures européennes ». Son discours en effet est très rhétorique : exclamations, interrogations, anaphores*, antithèses, métaphores scandent ses paroles et leur confèrent une grande force persuasive.

Ni tien ni mien

Le vieillard rappelle que la distinction du tien et du mien était étrangère aux Tahitiens avant l'arrivée des Européens. En introduisant la notion de propriété, Bougainville et son équipage ont semé la discorde et créé la servitude. D'où le renversement des valeurs opéré par le vieux Tahitien, qui estime les sauvages paradoxalement plus civilisés que les Européens et leur ignorance préférable à leurs « inutiles lumières ». Ces idées développées par Diderot sont proches de celles qu'avait défendues son ami Jean-Jacques Rousseau en 1755 dans son *Discours sur l'origine de l'inégalité parmi les hommes*.

Le paradis perdu

La nostalgie d'un passé heureux parcourt la diatribe* du vieillard. On y retrouve certains des éléments de l'Éden biblique avant le péché d'Adam et Ève : la nudité sans honte, l'innocence des mœurs, la parfaite félicité. Pour faire sentir toute l'horreur de la déchéance apportée par les Européens, l'orateur use d'une série d'oppositions temporelles entre aujourd'hui et autrefois. Il décrit de manière saisissante la dégradation des siens en termes de contamination, au sens propre comme au figuré.

SECTION III (pages 53 à 70)

« L'entretien de l'aumônier et d'Orou »

RÉSUMÉ

L'aumônier et le Tahitien étaient tous deux dans la force de l'âge au moment de leur rencontre. C'est pourquoi Orou pousse le sens de l'hospitalité jusqu'à offrir à son hôte non seulement le gîte et le couvert mais aussi une femme pour la nuit. Il lui donne le choix entre sa propre femme et l'une de ses filles, en le conjurant de prendre la plus jeune, qui n'a pas encore eu d'enfant. Le prêtre invoque en vain les devoirs liés à son état de religieux pour refuser, il finit par céder aux caresses et aux instances de la jeune Thia, qui brûle d'être mère.

Le lendemain, le père remercie l'aumônier et l'interroge sur cette religion dont il parle si douloureusement. Les préceptes du christianisme paraissent au Tahitien à la fois contraires à la nature et à la raison. D'une part, ils commandent à l'homme la fidélité alors que la loi générale de la nature le pousse au changement. D'autre part, ils entraînent toute une série de contradictions. Aux sévères prescriptions du mariage chrétien, Orou oppose pour finir un tableau idyllique* de l'union libre telle qu'elle est pratiquée par les Tahitiens.

B interrompt la lecture du « Supplément » pour narrer la malheureuse aventure de Miss Polly Baker, mère célibataire condamnée en Nouvelle Angleterre pour mauvaise conduite.

REPÈRES POUR LA LECTURE

Le mariage contre-nature

Pour Diderot, qui s'exprime ici à travers Orou, l'instinct sexuel est parfaitement naturel. En le réprimant pour des raisons morales, on s'expose soi-même à des troubles physiologiques et on risque de provoquer en outre des désordres sociaux. Il s'agit là d'une dimension importante du *Supplément au Voyage de Bougainville*, comme l'indique le sous-titre (« ou Dialogue entre *A* et *B* sur l'inconvénient d'attacher des idées morales à des actions physiques qui n'en comportent pas »). Il est donc illusoire, suivant cette théorie, de faire serment de fidélité à son conjoint car cette promesse est impossible à tenir. C'est ce que le Tahitien exprime, en termes poétiques, avec l'image de la nature changeante.

L'apologie de la procréation

En contrepoint aux lois matrimoniales des Européens, Diderot décrit les mœurs sexuelles des Tahitiens, entièrement tournées vers la procréation. Pour eux, un enfant est un bien précieux et plus on en a, plus on est riche. Ce souci de peupler la nation ne pouvait que toucher le philosophe Diderot qui, comme la plupart de ses contemporains, croyait (à tort) la France en voie de dépopulation. L'histoire de Miss Polly Baker, ajoutée après-coup, vient renforcer sa démonstration ; elle dénonce les lois injustes et hypocrites qui condamnent une mère célibataire qui a contribué à «augmenter les sujets de Sa Majesté» dans le Nouveau Monde, au lieu de punir celui qui l'a déshonorée.

Les objections contre l'existence de Dieu

L'entretien entre l'aumônier et Orou est l'occasion pour Diderot d'affirmer son athéisme. Il met dans la bouche de ce Tahitien plein de bon sens des objections que le prêtre maladroit ne parvient pas à réfuter de manière convaincante. Qu'est-ce que ce Dieu qui est partout et qu'on ne voit nulle part ? qui crée sans main ni outil et qui après cela se montre indifférent à ses créatures ? En particulier, pourquoi a-t-il créé deux sexes pour ensuite condamner leur union ? Cette liste de contradictions est destinée à montrer que la religion chrétienne est contraire à la raison.

SECTION IV (pages 71 à 80)

RÉSUMÉ

C'est au tour d'Orou de décrire les usages matrimoniaux de son pays et à celui de l'aumônier de l'interroger et de s'indigner, notamment au sujet de l'adultère et de l'inceste que les Tahitiens pratiquent apparemment sans honte. Orou défend ces pratiques au nom de l'utilité particulière et de l'intérêt général. C'est l'occasion pour Diderot, par personnage interposé, de vanter l'intérêt comme garantie de l'ordre social plutôt que cette «fanfaronnade de vertu», si souvent transgressée. Finalement, Orou révèle à l'aumônier que c'est l'intérêt qui a poussé les Tahitiens à se montrer si accueillants avec les siens. Ils espèrent ainsi améliorer leur espèce en unissant l'intelligence des Européens à la robustesse des Tahitiens.

L'aumônier, ébranlé dans ses convictions, passe les nuits suivantes avec les deux autres filles de son hôte, puis avec sa propre femme.

La relativité des coutumes

Après Montaigne et Pascal, Diderot donne au lecteur une leçon de relativisme. Ce qui est considéré comme blâmable en Europe (la fornication, l'inceste, l'adultère) ne l'est pas à Tahiti. Les Tahitiens ont une autre conception du libertinage que les Européens : une libertine est une femme qui a des relations sexuelles non productives, soit parce qu'elle est trop jeune ou trop vieille pour procréer, soit parce qu'elle est stérile de naissance ou tout simplement en période menstruelle. La comparaison entre les deux modes de pensée tourne évidemment à la faveur des « sauvages ».

L'intérêt général

Pour Diderot qui rejette la Révélation divine, il n'y a que deux critères qui peuvent fonder la morale : la nature et l'intérêt. Incapable de justifier la condamnation de l'inceste par la loi de nature, le prêtre invoque la sûreté de l'État, et Orou récuse la vertu comme garantie de l'ordre social au profit de l'intérêt. Si l'homme a intérêt à la conservation de son semblable, on peut être sûr qu'il agira bien à son égard, comme l'ont fait les Tahitiens qui attendaient une progéniture des Européens.

La critique des moines

La vie monastique est, selon Diderot, à la fois contraire à la nature et au bien public. En prononçant le vœu de chasteté, le moine va contre la nature, qui l'a doté de la faculté de se reproduire. En se retirant du monde au lieu d'y travailler, il se rend coupable de paresse et est inutile à la société. En bridant ses appétits naturels, le religieux ou la religieuse s'expose à transgresser ses vœux ou à dépérir.

« Suite du dialogue entre *A* et *B* »

RÉSUMÉ

La dernière section contient la reprise du dialogue entre *A* et *B* après la lecture du « Supplément ». Malgré l'éloge des Tahitiens qu'il vient de lire, *A* demeure sceptique* : il ne voit pas quel profit tirer des mœurs de ces « sauvages ». *B* répond en mettant en avant le critère de nature, puis en l'appliquant de manière systématique aux mœurs des Européens. Vices et vertus sont ainsi passés au crible. *A* demande alors pertinemment s'il faut retourner à la nature. De manière surprenante, *B* donne une réponse prudente et conservatrice : il vaut mieux se plier aux lois de son pays, même si elles sont mauvaises, de peur de risquer des désordres sociaux. La question étant éclaircie, le brouillard peut finalement se lever, à l'issue du dialogue.

REPÈRES POUR LA LECTURE

Le rôle de *A* dans le dialogue

D'abord opposant au début de l'œuvre, *A* est devenu adjuvant à la cause des Lumières. Par ses questions et les conclusions qu'il tire des propos de *B*, il va maintenant dans le sens de son interlocuteur (noter la répétition de « Je pense comme vous »). Il devient même un élément moteur du dialogue en posant lui-même les termes du débat : « Mais commençons par le commencement. Interrogeons bonnement la nature, et voyons sans partialité ce qu'elle nous répondra sur ce point » (p. 84) et en centrant le débat sur la question fondamentale de l'opposition entre nature et culture : « Faut-il civiliser l'homme ou l'abandonner à son instinct ? » (p. 92) ou encore : « Ainsi vous préféreriez l'état de nature brute et sauvage ? » (p. 94).

Connaissant la tendance de Diderot à se dédoubler pour débattre avec lui-même, on peut en inférer que *A* exprime ses doutes intérieurs face à *B* qui se laisse emporter par l'enthousiasme.

La supériorité de l'état de nature

Faut-il préférer l'état de nature brute et sauvage ou bien civiliser l'homme ? Telle est la question fondamentale qui est posée à la suite de la lecture du « Supplément ». Il y est répondu clairement par *B* que la sophistication des appétits naturels conduit au mal. Les exemples qui sont donnés à l'appui sont empruntés aux deux autres contes de Diderot avec lesquels le *Supplément au Voyage de Bougainville* forme triptyque. *Ceci n'est pas un conte* narre la passion de l'honnête Tanié pour la cupide Mme Reymer qui l'envoie s'enrichir en Amérique, où il trouvera la mort, et le dévouement de la pauvre Mlle de La Chaux pour son amant Gardeil qui l'abandonna ensuite dans la misère. *Madame de La Carlière* raconte la terrible vengeance de cette dame contre son époux infidèle, le chevalier Desroches. L'évocation de ces amours intéressées et inauthentiques sert de faire-valoir aux amours pures et sincères des Tahitiens.

La dissipation du brouillard

À l'issue du dialogue, le brouillard épais s'est dissipé. Cela veut dire que la discussion a apporté la clarté. La comparaison entre la société tahitienne et celle des Européens a abouti à une conclusion éclairante. Il ne s'agit pas, contrairement à ce qu'on pouvait croire, de transformer la société française en l'alignant sur le modèle tahitien, mais de respecter les lois de son pays, même si elles sont mauvaises, sous peine d'anarchie : « Il y a moins d'inconvénients à être fou avec des fous, qu'à être sage tout seul. » C'est une idée chère à Diderot, que l'on trouvait déjà exprimée dans *Le Neveu de Rameau* et dans l'*Entretien d'un père avec ses enfants* (→ LECTURE 4, p. 122).

DEUXIÈME PARTIE

Problématiques essentielles

1 L'esprit des Lumières

L'AFFRANCHISSEMENT DE LA RAISON

Afin de comprendre le *Supplément au Voyage de Bougainville*, il importe de clarifier d'abord la notion de « lumières ». Sinon, on ne peut pas saisir les véritables enjeux de l'œuvre de Diderot, dont les objectifs sont avant tout ceux d'un militant.

En 1784, le philosophe allemand Emmanuel Kant, dans une brochure intitulée *Qu'est-ce que les Lumières ?*, expliquait :

> Les Lumières, c'est pour l'homme sortir d'une minorité qui n'est imputable qu'à lui. La minorité, c'est l'incapacité de se servir de son entendement sans la tutelle d'un autre. C'est à lui seul qu'est imputable cette minorité, dès lors qu'elle ne procède pas du manque d'entendement, mais du manque de résolution et de courage nécessaires pour se servir de son entendement sans la tutelle d'autrui. *Sapere aude* ! Aie le courage de te servir de ton propre entendement : telle est donc la devise des Lumières.

Le ton claironnant et combatif de cette fameuse définition reflète la foi des hommes des Lumières en la possibilité pour l'esprit humain de s'affranchir, par un effort de volonté, de toute contrainte extérieure qui entraverait son libre exercice. Les images de « minorité » et de « tutelle » par lesquelles le philosophe allemand désigne l'état d'asservissement dans lequel se trouve un esprit non éclairé sont évocatrices de la représentation que se font les philosophes du XVIIIe siècle de l'humanité avant l'avènement des Lumières. La reprise de la formule du poète Horace (*Sapere aude*, « Ose savoir ») confère un tour percutant à l'exorde du texte kantien, tout en marquant, par la transformation que le philosophe lui fait subir, l'évolution des idées et la spécificité des Lumières : Kant substitue de manière significative le courage à la simple audace et insiste sur le caractère personnel de l'usage que doit faire de la raison l'homme éclairé. Il s'agit de se servir de son «propre» entendement.

Les Lumières – et il faudrait pour les qualifier un terme au sens progressif, tel que «éclairement», comme les Anglais ont «*Enlightenment*» et les Allemands «*Aufklärung*» – sont un processus de libération de la raison avant d'être un ensemble de connaissances acquises par un individu : un lettré peut avoir des «lumières» en philosophie ou en histoire sans être pour autant «éclairé». C'est particulièrement net lorsque l'on considère les divergences qui opposent les penseurs des Lumières à leurs adversaires : si ces derniers peuvent rejoindre et quelquefois dépasser les premiers sur le terrain scientifique, en adoptant les idées les plus modernes (en médecine, par exemple, la thèse de l'inoculation de la vérole, ancêtre de notre vaccination) et posséder souvent plus d'érudition que les plus éclairés des philosophes, il existe un divorce total entre eux sur les plans religieux et politique. L'Église et l'État sont pour les ennemis des Lumières des sphères réservées dans lesquelles la raison ne doit pas librement s'exercer, tandis que les partisans des Lumières entendent soumettre toutes les idées, les lois, les coutumes au tribunal de la raison. «La raison est à l'égard du philosophe ce que la grâce est à l'égard du chrétien. La grâce détermine le chrétien à agir ; la raison détermine le philosophe», écrit Dumarsais dans l'article «Philosophe» de l'*Encyclopédie*, qui – on le sait maintenant – a été revu et corrigé par Diderot.

LA LUTTE CONTRE LES PRÉJUGÉS

Le combat des Lumières consiste donc principalement dans une lutte contre les préjugés, au sens étymologique de «jugements portés *a priori*». Il ne saurait en effet être question pour un philosophe des Lumières d'adopter une idée parce qu'elle a été avancée par un penseur prestigieux ; l'argument d'autorité («Aristote l'a dit...» ou «c'est écrit dans la Bible...») n'a pour lui aucune valeur. Il se fait ainsi un devoir de n'accepter aucune idée sans preuve et de remonter, pour se convaincre de la vérité d'une affirmation, jusqu'à sa source :

> Le peuple adopte le principe sans y penser [écrit encore Dumarsais] sans penser aux observations qui l'ont produit : il croit que la maxime existe, pour ainsi dire, par elle-même ; mais le philosophe prend la maxime dès sa source ; il en examine l'origine ; il en connaît la propre valeur, et n'en fait que l'usage qui lui convient.

Appliquée au domaine religieux, cette méthode ne pouvait que conduire les philosophes au rejet des religions révélées, fondées sur des témoignages. Selon eux, les vérités bibliques, pas plus que les vérités profanes, ne sauraient être admises sans réflexion, sous prétexte que Dieu a parlé à travers les prophètes. Aux religions révélées, la plupart d'entre eux substituent la religion naturelle ou déisme*, qui a le mérite d'être non seulement accessible par les seules lumières de la raison mais aussi commune à tous les hommes et permet de ce fait d'éviter divisions et conflits.

Pour un tenant des Lumières, en effet, la certitude ne peut naître que d'un examen approfondi des faits, fondé sur l'observation. Cela apparaît clairement dans l'article « Croire » de l'*Encyclopédie*, rédigé par Diderot :

> CROIRE (*Métaphysique*) – C'est être persuadé de la vérité d'un fait ou d'une proposition, ou parce qu'on ne s'est pas donné la peine de l'examen, ou parce qu'on a mal examiné, ou parce qu'on a bien examiné. Il n'y a guère que le dernier cas dans lequel l'assentiment puisse être ferme et satisfaisant.

L'UTILITARISME SOCIAL

Ces considérations intellectuelles et quelque peu élitistes ne font pas du philosophe du XVIIIe siècle – à l'exception du solitaire Jean-Jacques Rousseau – un être isolé du monde, perdu dans de hautes et stériles spéculations ; il se veut avant tout utile à la société. Combattant pour l'affranchissement de l'esprit, il est soucieux du bonheur de l'humanité. D'où l'intérêt qu'il porte généralement à l'agriculture, au commerce, qu'il considère comme une source de bien-être et de prospérité pour une nation. On connaît le début de la dixième « Lettre philosophique », où Voltaire en fait l'origine de la liberté qui règne en Angleterre : « Le commerce, qui a enrichi les citoyens en Angleterre, a contribué à les rendre libres, et cette liberté a étendu le commerce à son tour… » D'où encore l'engagement de plusieurs écrivains des Lumières dans des causes humanitaires, comme la réhabilitation du protestant Calas par Voltaire ou la lutte contre l'esclavage, dénoncé dans un texte célèbre de *L'Esprit des lois* de Montesquieu et dans le passage de *Candide* sur l'esclave noir de Surinam.

Le progrès est par conséquent l'un des maîtres mots des Lumières (sauf encore une fois pour Rousseau, qui le juge préjudiciable à la morale), aussi bien en France qu'à l'étranger, où doivent se répandre les Lumières françaises. L'homme des Lumières est en effet cosmopolite, au sens étymologique de « citoyen du monde ». Significative est la déclaration des *Cahiers* de Montesquieu, qui dresse une hiérarchie nouvelle des valeurs :

> Si je savais quelque chose qui me fût utile, et qui fût préjudiciable à ma famille, je la rejetterais de mon esprit. Si je savais quelque chose d'utile à ma famille et qui ne le fût pas à ma patrie, je chercherais à l'oublier. Si je savais quelque chose utile à ma patrie, et qui fût préjudiciable à l'Europe, ou bien qui fût utile à l'Europe et préjudiciable au genre humain, je la regarderais comme un crime.

Loin de valoriser de manière ethnocentrique la nation française, les philosophes des Lumières ont plutôt tendance à l'exposer au regard de l'étranger pour en faire la critique. Le point de vue d'un Indien raisonnable comme le sauvage de Lahontan (→ TEXTE 1, p. 130), d'un Persan clairvoyant comme celui de Montesquieu, d'un candide Huron comme celui de Voltaire (→ TEXTE 4, p. 135) ou d'un sage Tahitien comme le personnage de Diderot permet aux philosophes la satire* des mœurs, des lois et des coutumes françaises.

Si l'on devait, pour terminer, mettre les Lumières en équation, on pourrait dire que l'usage de la raison entraîne la liberté, qui va à son tour engendrer le progrès, source de bonheur pour l'humanité. Le bonheur, en fait, est une idée neuve en Europe au XVIIIe siècle. Au lieu de le situer comme les Anciens dans un âge d'or révolu ou de le remettre comme les chrétiens à l'au-delà, l'homme des Lumières opte résolument pour le plaisir ici et maintenant.

2 Le mythe du bon sauvage

L'AILLEURS AU XVIIIe SIÈCLE

La littérature française du XVIIIe siècle est très marquée par les voyages lointains. À la mode dès la fin du XVIIe siècle, les récits de voyage connaissent leur plein essor au cours du siècle des Lumières. Dès le début du siècle, les missionnaires jésuites passionnent les lecteurs français – dont Voltaire – par les *Lettres édifiantes et curieuses* qu'ils envoient d'Inde et de Chine sur les mœurs des Orientaux. À son retour de la Nouvelle-France, en 1703, le baron de Lahontan révèle au public, dans ses *Voyages*, ses *Mémoires* et ses *Dialogues*, la vie des Amérindiens (→ TEXTE 1, p. 130). L'Abbé Prévost, l'auteur de *Manon Lescaut*, publie entre 1746 et 1759 une collection de voyages en quinze volumes qui rassemble tous les récits de voyageurs parus jusque-là et qui fait les délices du public. Dans la seconde moitié du siècle, sont lancées les grandes expéditions scientifiques dans l'hémisphère sud, qui ont pour héros Bougainville, Cook, La Pérouse. À la veille de sa mort, le roi Louis XVI, féru de géographie, et qui avait personnellement étudié le trajet de La Pérouse dans le Pacifique, s'inquiétait encore du sort de l'explorateur, dont on n'avait pas de nouvelles.

De leur côté, afin de répondre à l'engouement du public pour les coutumes des gens d'ailleurs, les écrivains multiplient dans leurs œuvres les éléments exotiques. Romans, contes et nouvelles abondent en personnages étrangers auxquels surviennent des aventures curieuses dans des contrées inconnues. Parmi les plus célèbres, on peut citer les *Lettres persanes* (1721) de Montesquieu, l'Eldorado que met en scène Voltaire dans *Candide* (1759) et bien sûr le

Supplément au Voyage de Bougainville, rédigé par Diderot en 1772. Le lecteur aimait à pénétrer par l'imagination les secrets du sérail, se transporter mentalement dans un Nouveau Monde mythique, fût-il infesté de dangereux Indiens, et atteindre sans quitter sa chambre les rivages heureux de Tahiti.

Mais au-delà du pittoresque qui flattait le goût des lecteurs du temps, ces œuvres avaient une visée philosophique. Au siècle des Lumières où se développe la critique des sociétés européennes, sous l'égide de la raison, les pays exotiques servent à remettre en cause les sociétés européennes. L'œil étonné du Persan, du Huron ou encore du Tahitien permet à l'auteur de juger de l'extérieur les institutions et coutumes françaises en en faisant ressortir les vices, sans prendre à son propre compte la critique.

DE MONTAIGNE À BERNARDIN DE SAINT-PIERRE

Déjà au XVIe siècle, Montaigne vantait dans les *Essais* (I, XXXI) le bon naturel des cannibales du Brésil. Avec un sens aigu de la relativité des coutumes, il affirmait qu'ils n'étaient pas aussi sauvages qu'ils en avaient l'air : « Je trouve qu'il n'y a rien de barbare et de sauvage en cette nation, à ce qu'on m'en a rapporté, sinon que chacun appelle barbarie ce qui n'est pas de son usage. » Trois d'entre eux, en effet, avaient été ramenés en France et ils s'étaient étonnés de voir des hommes forts et armés (probablement les gardes suisses) se soumettre à un enfant (le jeune roi Charles IX) et la moitié du peuple mourant de faim, alors que l'autre moitié regorgeait de richesses.

Ainsi était né le mythe du bon sauvage, qui devait connaître au XVIIIe siècle un développement extraordinaire. C'est qu'il offrait aux philosophes des Lumières un moyen commode et efficace de critiquer la société française sans s'impliquer directement. On vit fleurir à cette époque de multiples figures de sauvages, inspirées de voyages réels ou fruits de l'imagination de l'écrivain, dans des genres littéraires très variés : conte, roman, lettres, dialogue, utopie.

Lahontan ouvre la voie en 1703 avec les *Dialogues de M. le baron de Lahontan et d'un sauvage*, qui exaltent les joies de la vie primitive dans le Nouveau Monde tout en dénonçant les vices des sociétés européennes (→ TEXTE 1, p. 130).

En 1721, Montesquieu narre dans les *Lettres persanes* l'histoire d'un peuple imaginaire, appelé les Troglodytes (habitants des cavernes). Les bons Troglodytes vivaient heureux parce qu'ils étaient vertueux. Mais quand ils décidèrent de se choisir un roi, un vénérable vieillard les mit ainsi en garde (→ TEXTE 2, p. 132) :

> Je vois bien ce que c'est, ô Troglodytes ! votre vertu commence à vous peser. Dans l'état où vous êtes, n'ayant point de chef, il faut que vous soyez vertueux malgré vous : sans cela vous ne sauriez subsister…

Dans son *Discours sur l'origine de l'inégalité parmi les hommes* (1755), Rousseau peint le bonheur de l'homme naturel. Agile et robuste, celui-ci trouvait un contentement facile dans la simple satisfaction de ses besoins immédiats : « Je le vois se rassasiant sous un chêne, se désaltérant au premier ruisseau, trouvant son lit au pied du même arbre qui lui a fourni son repas ; et voilà ses besoins satisfaits. » En outre, ignorant la propriété, ce sauvage vivait heureux car il ne connaissait aucun conflit (→ TEXTE 3, p. 133).

Voltaire, en 1767, met à l'honneur un Huron dans le conte satirique de *L'Ingénu* (→ TEXTE 4, p. 135) et en 1777, c'est au Pérou que Marmontel, dans *Les Incas*, sorte d'épopée en prose, va chercher l'idéal d'une vie simple et heureuse. Les Indiens qu'il met en scène apparaissent comme supérieurs aux Espagnols, dont ils ignorent l'avidité et la férocité. Ils luttent courageusement contre le colonialisme.

À la fin du siècle, le mythe du bon sauvage connut un dernier avatar avec *La Chaumière indienne* (1790) de Bernardin de Saint-Pierre, qui avait déjà produit l'idylle* mauricienne de *Paul et Virginie* (1788). Un voyageur anglais, pris dans un typhon en Inde, trouve asile chez un pauvre paria. Cet homme simple se révèle capable de répondre, sans l'aide d'aucun livre, aux questions qui avaient arrêté le brame supérieur de la fameuse pagode de Jagrenat.

On retrouve plusieurs de ces composantes en 1772 dans le *Supplément au Voyage de Bougainville*. Comme Lahontan, Diderot choisit la forme dialoguée, la plus apte à faire ressortir les faiblesses et les contradictions des hommes civilisés. Comme Montesquieu, il place la vérité dans la bouche d'un vieux sage, seul capable de prévoir les maux qui vont s'abattre sur la communauté idyllique au moindre changement. Comme Rousseau, il se plaît à évoquer le bonheur de l'homme naturel qui sait se contenter de peu pour vivre. Comme Voltaire, il s'amuse des facéties d'un sauvage (Aotourou) propulsé dans un milieu qui n'est pas le sien et se livre à une âpre satire* des religieux. L'on retrouvera chez Marmontel la critique mordante exercée par Diderot contre la soif de l'or qui anime les colonisateurs.

DIDEROT ET ROUSSEAU

Cependant, parmi ces auteurs qui ont contribué à la diffusion du mythe du bon sauvage, c'est entre Diderot et Rousseau que la proximité intellectuelle est la plus étroite. Les deux hommes furent longtemps des amis proches, avant de se brouiller gravement. C'est en allant visiter Diderot à la prison de Vincennes que Rousseau, comme il le raconte dans les *Confessions* (II, 8), eut l'illumination d'une partie de son *Discours sur les sciences et les arts* (1750). Quand Diderot le vit arriver si agité, il l'exhorta à développer ses idées, notamment celle qui allait dominer toute son œuvre, à savoir que l'homme est naturellement bon et que c'est la société qui le corrompt.

Pour Diderot, c'est aussi la société qui crée le malaise de l'homme civilisé. Et comme Rousseau, il vante la vie simple et heureuse de l'homme naturel. Il existe cependant des différences notables entre les conceptions des deux philosophes. La vision de Rousseau est plutôt politique alors que chez Diderot priment les préoccupations morales. En particulier, le problème des rapports amoureux, qui n'est, chez Rousseau, qu'un exemple de la perte du bonheur de l'état sauvage, constitue un sujet central dans le *Supplément au Voyage de Bougainville*.

Mais, comme l'a montré Herbert Dieckmann, la divergence la plus importante entre les deux écrivains réside dans la présentation nuancée que fait Rousseau de l'état de nature. Pour lui, il existe différents stades dans l'évolution de l'homme naturel. Celui qui ne connaît que le simple appétit physique est le vrai sauvage. Il ignore les sentiments de pudeur, de honte ou de jalousie car sa structure psychique ne lui permet pas de les éprouver. Le sauvage que Diderot met en scène dans le *Supplément au Voyage de Bougainville* ne répond pas à cette définition. Le Tahitien qu'il décrit choisit sa compagne, il fête leur union ; il mêle donc déjà de la morale au physique[1] (voir p. 64-65 du *Supplément*).

Enfin, Diderot, comme la plupart des philosophes de son siècle (par exemple Voltaire dans *Le Mondain*), voit dans le progrès une source de bonheur pour l'homme. Rousseau, au contraire, croit qu'il en est irrémédiablement fini de sa félicité quand il perd l'état de nature. Il est le seul en fin de compte à conserver au mythe sa dimension utopique. C'est précisément cet utopisme que Diderot lui reproche le plus. Celui-ci ne peut comprendre que Rousseau ait tenté de reconstituer l'histoire de l'humanité en élaborant des hypothèses au lieu de s'appuyer sur des faits. Il rejette aussi vivement l'idéalisme rousseauiste qui le porte à prôner le retour en arrière plutôt que de concevoir une société intermédiaire qui réunirait les avantages des deux stades de l'évolution de l'humanité, l'état naturel et l'état social. Dans la *Réfutation d'Helvétius*, en 1773, Diderot aura ce mot significatif : « Si Rousseau, au lieu de nous prêcher le retour dans la forêt, s'était occupé à imaginer une espèce de société moitié policée et moitié sauvage, on aurait eu, je crois, bien de la peine à lui répondre. »

1. Introduction de H. Dieckmann au *Supplément au Voyage de Bougainville*, Genève, Droz et Lille, Giard, 1955, p. LXXXI.

3 Le mirage océanien

LE *VOYAGE AUTOUR DU MONDE*

L'officier de marine Louis-Antoine de Bougainville (1729-1811) avait été chargé par Louis XV de rendre les îles Malouines aux Espagnols, puis de chercher un comptoir près de la côte de Chine. En route, il devait prendre possession des terres inconnues du Pacifique qui pouvaient servir à la navigation et au commerce français. Il fit ainsi le tour du monde entre 1766 et 1769 et publia à son retour le récit de son voyage, sous le titre *Voyage autour du monde par la frégate du roi la Boudeuse et la flûte l'Étoile* (1771).

L'apport économique et scientifique de l'expédition fut plutôt mince, au point que Bougainville, dépité, se serait écrié : « Eh bien, je mets aussi l'espoir de ma renommée dans une fleur ! » (la bougainvillée, une fleur exotique à laquelle a été donné son nom). Mais la découverte qu'il fit de Tahiti au cours de son périple[1] joua un rôle important. Le récit émerveillé que lui et ses compagnons firent de la bonté, de la pureté et de la félicité des Tahitiens contribua à alimenter le mythe du bon sauvage.

Mathématicien de formation, Bougainville était un esprit positif, capable de décrire l'homme et la nature avec exactitude et précision. Il évite, dans le *Voyage autour du monde*, de tomber dans le merveilleux qui entourait souvent les relations des voyageurs. On peut en voir un exemple dans la façon dont il rend scientifiquement compte de la rencontre avec les géants mythiques de Patagonie. Mais, comme les autres, il avait cédé dans un premier temps au mirage

1. En fait, l'Anglais Wallis était déjà passé à Tahiti quelques mois auparavant.

océanien, en décrivant dans son journal l'île de Tahiti comme la légendaire Arcadie, cette terre de douceur et d'harmonie qui excitait les imaginations depuis l'Antiquité. Dans son récit final, il se montra toutefois plus nuancé, ne manquant pas de mentionner la pratique par les Tahitiens de sacrifices humains et l'inégalité sociale qui existait dans leur île.

LE COMPTE RENDU DE DIDEROT

Le récit de ce voyageur philosophe souleva l'enthousiasme de Diderot, à qui il inspira un compte rendu d'une dizaine de pages[1]. L'auteur présentait d'abord la personnalité de Bougainville en des termes élogieux, qui seront en grande partie repris dans le *Supplément*. Comme *A* et *B*, il énumérait ensuite les avantages de son voyage, évoquait les jésuites du Paraguay, les géants Patagons et s'interrogeait sur l'homme sauvage.

À la fin, il s'adressait directement à Bougainville pour le prier instamment de laisser les Tahitiens vivre en paix :

> Ah ! Mr de Bougainville, éloignez votre vaisseau des rives de ces innocents et fortunés Otaïtiens ; ils sont heureux et vous ne pouvez que nuire à leur bonheur. Ils suivent l'instinct de la nature, et vous allez effacer ce caractère auguste et sacré.

Suivaient deux pages de reproches qu'on retrouve dans la bouche du vieillard tahitien du *Supplément*, ainsi que l'anecdote de la Bourguignonne déguisée en homme sur laquelle se sont jetés les Tahitiens.

Le compte rendu de Diderot se terminait par quelques mots sur Aotourou et l'alphabet tahitien. Il concluait sur une idée qu'on retrouve presque littéralement exprimée par *B* dans le *Supplément au Voyage de Bougainville* : « Le Voyage de Bougainville est le seul qui m'ait donné du goût pour une autre contrée que la mienne » (p. 36).

---

1. Voir p. 101-102 de l'édition « Libretti » du *Supplément au Voyage de Bougainville*.

L'UTOPIE TAHITIENNE

Étymologiquement, une utopie – qui vient du grec *topos*, lieu, précédé de la négation *ou* – est un non-lieu, un lieu qui n'existe pas. Le mot fut employé pour la première fois par Thomas More en 1516 dans son *Utopia*, qui mettait en scène une île imaginaire gouvernée par une république idéale. Mais au XVIIIe siècle, le terme a fini par désigner, par extension, toute représentation imaginaire d'une société idéale, fût-elle située en pays réel comme Clarens dans *La Nouvelle Héloïse* (1761) de J.-J. Rousseau. C'est ainsi qu'on a pu parler d'utopie tahitienne à propos du *Supplément au Voyage de Bougainville*. Si l'île de Tahiti existait bel et bien, la présentation qu'en donne Diderot est idéalisée. Elle joue avant tout le rôle de contre-modèle critique des sociétés européennes.

En effet, le *Voyage autour du monde* (1771) de Bougainville, qui a suscité l'enthousiasme de Diderot, n'était pas sans relever les défauts de la société tahitienne. Diderot les a estompés dans le *Supplément* pour des raisons évidentes : la pureté et la liberté des mœurs tahitiennes sont, pour lui, avant tout, une manière de discréditer les usages européens, dont il déplore le caractère antinaturel et l'hypocrisie.

Aussi ne faut-il pas s'étonner que le *Supplément au Voyage de Bougainville* s'achève sur une position conservatrice (→ LECTURE 4, p. 122). Diderot n'est pas un rêveur. En homme des Lumières, il reproche aux utopistes d'être des raisonneurs abstraits, de ne pas s'appuyer suffisamment sur les faits. Il ne s'agit pas pour lui d'offrir avec Tahiti un modèle valable pour toutes les sociétés de tous les temps. D'après sa philosophie déterministe*, chaque société est le produit de son histoire et surtout de son « organisation », et on ne peut aller contre la nature. Le collectivisme sexuel des Tahitiens ne doit pas, selon lui, régner en Europe, mais il permet de mieux saisir le fonctionnement des mœurs policées de la vieille Europe.

Le *Supplément au Voyage de Bougainville* se distingue aussi d'une véritable utopie par des différences formelles. Selon le modèle classique, comme le rappelle Bernard Papin dans son étude sur la signification de l'utopie tahitienne chez Diderot[1], une utopie se distingue d'un traité politique par sa forme romanesque. Les tableaux imaginaires qu'elle offre d'une société idéale s'inscrivent toujours dans le cadre d'un récit. La narration toutefois prend fin quand le voyageur-narrateur est parvenu à destination. Il cède alors la parole à un sage ou un vieillard qui parle au nom de la communauté utopique pour présenter tous les aspects (économiques, politiques, sociaux, religieux, etc.) de sa société.

Le récit du voyageur permet donc de justifier la découverte de cet ailleurs extraordinaire, mais il n'est plus nécessaire une fois la découverte accomplie car, par définition, dans un monde parfait, il ne se passe rien. L'Histoire n'a pas sa place dans une utopie : tout changement nuirait en effet à sa perfection.

Ces traits distinctifs ne se retrouvent pas vraiment dans le *Supplément au Voyage de Bougainville*. L'œuvre ne commence pas par un récit et les personnages *A* et *B* ne sont pas des voyageurs. On peut considérer néanmoins que le voyage a déjà été effectué par Bougainville qui en a fait le récit. Cela permet à l'auteur, après l'avoir rapidement évoqué, de passer directement au stade de la description utopique en exhibant un «Supplément» dans lequel, suivant la tradition littéraire, il donne la parole à un vieux sage.

---

1. B. Papin, *Sens et Fonction de l'utopie tahitienne*, Oxford, «Studies on Voltaire», n° 251, 1988, p. 49-51.

4 Une structure éclatée

L'ENCHÂSSEMENT DES TEXTES

Comme la plupart des œuvres de Diderot, le *Supplément au Voyage de Bougainville* présente une composition hybride. L'œuvre est constituée de plusieurs morceaux hétérogènes : dialogues, récits, discours, qui s'enchâssent ou tout simplement se juxtaposent.

La section I (on hésite à parler de chapitre dans la mesure où l'ordre chronologique n'est pas respecté), appelée « Jugement du Voyage de Bougainville », consiste en un dialogue entre deux personnages anonymes, *A* et *B*, au sujet du récit de ce navigateur. Le lecteur prend la conversation en cours, sans qu'aucun passage narratif puisse l'éclairer sur le cadre spatio-temporel et les circonstances de la rencontre. Ainsi Diderot reproduit dans son conte les conditions de l'oral et nous livre une véritable pièce de vie.

Cette première section en encadre une autre, la section II ou « Les adieux du vieillard ». Ces adieux sont contenus dans le « Supplément » que *A* et *B* sont en train de parcourir ensemble. D'ailleurs cette deuxième section se termine par une discussion entre *A* et *B* sur le discours qu'ils viennent de lire et annonce un autre fragment du « Supplément », à savoir « L'entretien de l'aumônier et d'Orou ».

Puis c'est *B* lui-même, et non plus le « Supplément », qui raconte, dans la section III, l'arrivée de l'aumônier dans la famille d'Orou. Ce récit enclenche le long entretien entre ces deux personnages, à son tour coupé par un passage narratif dans lequel *B* rapporte la scène entre l'aumônier et Thia. À la fin de l'entretien, *B* rapporte une note de l'aumônier sur les critères de choix d'un compagnon ou d'une compagne à Tahiti et, à la demande de *A*, rappelle une aventure advenue en Nouvelle Angleterre, celle de Polly Baker. La narration est suivie d'une discussion entre *A* et *B* sur l'authenticité de l'histoire et l'identité de l'auteur.

On passe ensuite sans transition, dans la section IV, à la suite de l'entretien de l'aumônier et de l'habitant de Tahiti. Cet entretien se termine par la brève relation de la fin du séjour de l'aumônier sur l'île. Un rapide échange verbal entre *A* et *B* sur les deux personnages clôt la section.

La cinquième et dernière section commence par un récit des lamentations de l'aumônier, obligé de partir alors qu'il commençait à être gagné aux mœurs de Tahiti. L'éloge qu'il fait de celles-ci donne lieu à un débat sur la nécessité de les suivre, lequel durera jusqu'à la fin de la section et de l'œuvre.

L'ÉCRITURE POLYPHONIQUE*

Cette structure éclatée, il est vrai, ne facilite pas la compréhension de l'œuvre. Le lecteur a du mal à comprendre qui parle et se demande dans quelle mesure il peut se fier aux paroles rapportées. Par exemple, le récit du séjour de l'aumônier est fait par *B*, d'après les notes de l'aumônier. Les paroles de ce dernier sont donc filtrées par cet admirateur des Tahitiens qu'est *B*, ce qui jette évidemment le doute sur leur exactitude. On peut se demander en particulier si *B* n'a pas exagéré l'enthousiasme de l'aumônier. On est étonné aussi de voir ce dernier entonner le credo de Diderot sur ce « peuple assez sage pour s'être arrêté de lui-même à la médiocrité » et sur les conséquences malheureuses qu'aurait provoquées « un progrès trop rapide de ses lumières » (p. 81).

On éprouve en outre quelque difficulté, dans cette œuvre à plusieurs voix, à repérer quelle est celle de l'auteur. En voyant *B* s'enflammer pour les valeurs des Lumières dans la section I, on est d'abord tenté de voir en lui, sans réserve, le porte-parole du philosophe Diderot. Mais la critique de la colonisation qui suit, dans la section II, paraît contredire cet éloge du progrès. On se demande alors si la voix de Diderot n'est pas plutôt celle de ce vieillard qui défend les idées anticolonialistes que l'on trouve ailleurs exprimées par Diderot. Ensuite, c'est le jeune Orou qui, dans les sections III et IV, prend le relais comme porte-parole de l'auteur, en plaçant la discussion sur le terrain religieux. Là aussi, on reconnaît des idées chères à Diderot sur la dangereuse entrave que met le christianisme aux pulsions naturelles. À la fin, c'est à nouveau *B* qui, dans la section V, paraît détenir l'autorité auctoriale quand il s'agit de décider des conséquences à tirer de la vie tahitienne pour les sociétés européennes. Il conclut sur la nécessité de se soumettre aux lois insensées en attendant qu'on les réforme, ce qui est indubitablement la position de Diderot à ce stade de son évolution intellectuelle. L'*Entretien d'un père avec ses enfants*, paru en 1771, se clôt sur une idée à peu près semblable.

Que faut-il donc penser de ces variations ? Premièrement, il est évident que Diderot hésite et que les ambiguïtés, voire les contradictions, que révèle le *Supplément* sont le reflet des incertitudes qui l'habitent dans les années 1770 sur les bienfaits du progrès, sur le bien-fondé des réformes sociales, sur l'utilité de la morale. En multipliant les points de vue, il parvient à exprimer tous les aspects, fussent-ils les plus opposés, de sa pensée bouillonnante.

Deuxièmement, il n'est pas du tout sûr que Diderot souhaite apporter une réponse ferme et définitive aux problèmes fondamentaux qu'il pose. Le *Supplément,* malgré certaines affirmations tranchantes, reste une œuvre ouverte.

Troisièmement, par certains côtés, le texte de Diderot s'apparente plus à une rêverie qu'à une œuvre de combat. L'auteur y émet plus de conjectures que de projets réalisables. La fictionnalité, dans une certaine mesure, l'emporte sur la réalité dans ce conte dialogué. C'est probablement ce qui lui conserve sa dimension littéraire, malgré son sujet éminemment philosophique.

5 L'entrelacement des thèmes

La pensée de Diderot s'exprime naturellement sous une forme dialoguée, qui permet en toute chose d'examiner le pour et le contre. En fait, la plupart de ses œuvres sont des dialogues déguisés, qu'il s'agisse de romans comme *Jacques le fataliste* et *Le Neveu de Rameau*, de lettres comme *Lettre sur les aveugles* ou même de fragments épars comme les *Pensées philosophiques*. Son ami Meister disait de lui qu'il « conversait bien moins avec les hommes qu'il ne conversait avec ses propres idées ».

Le *Supplément au Voyage de Bougainville*, dont le thème central est d'ordre éthique, ne se présente pas comme un traité de morale mais comme un dialogue. De ce fait, l'argumentation qui y est soutenue ne suit pas une ligne continue. Elle est tributaire des aléas de la conversation. Ce sont les réactions de *A* qui vont faire avancer la discussion amorcée par *B*. Les documents produits par *B* (les adieux du vieillard, puis l'entretien entre l'aumônier et Orou) joueront aussi un rôle dans le débat, dont ils infléchissent le cours dans un sens plus ou moins subversif. Ces conditions d'énonciation aboutissent à un discours sinueux, que l'on peut comparer à une arabesque, cet ensemble de lettres, lignes et feuillages entrelacés qui décorent les palais orientaux.

LE BONHEUR

Si l'on prend par exemple le thème du bonheur, on s'aperçoit qu'il revient à plusieurs reprises, dans l'œuvre, avec des variations. Il est abordé pour la première fois à la fin de la première section à propos de la nostalgie d'Aotourou pour son pays. C'est l'occasion pour *B* de confier le « goût » que lui a donné le récit de Bougainville « pour une autre contrée que la [s]ienne » (p. 36). Le motif est repris dans la deuxième section, toujours sur le mode nostalgique, au cours de l'évocation par le vieillard des « beaux jours de son pays éclipsés » (p. 39). Il est associé à l'innocence et se conjugue au présent : « Nous sommes innocents, nous sommes heureux » (p. 40). Malgré l'absence de lien grammatical entre les deux membres de la phrase, il existe une relation évidente de cause à effet entre l'innocence et le bonheur des Tahitiens. Ce qui est ici sous-entendu, derrière cette asyndète*, est : « Nous sommes innocents, *donc* nous sommes heureux. »

C'est que, dans une utopie, l'intervention de l'Histoire met nécessairement fin au bonheur. Tel est le cas pour les Troglodytes dans les *Lettres persanes* de Montesquieu : leur société commence à dégénérer quand ils veulent la changer (→ TEXTE 2, p. 132). C'est le cas ici pour la société tahitienne, que le contact avec l'Europe entraîne inéluctablement sur la pente du malheur, suivant la prédiction du vieillard. Cela nous vaut, dans la deuxième section, un tableau idyllique de la vie à Tahiti :

> Regarde ces hommes, vois comme ils sont droits, sains et robustes ; regarde ces femmes, vois comme elles sont droites, saines, fraîches et belles. Prends cet arc, c'est le mien, appelle à ton aide un, deux, trois, quatre de tes camarades, et tâchez de le tendre. Je le tends moi seul ; je laboure la terre ; je grimpe la montagne, je perce la forêt, je parcours une lieue de la plaine en moins d'une heure ; tes jeunes compagnons ont peine à me suivre, et j'ai quatre-vingt-dix ans passés (p. 43).

Cette peinture idéalisée trouve un écho dans la scène d'hospitalité tahitienne qui se déroule à l'arrivée du vaisseau de Bougainville (p. 48), ainsi que dans l'évocation de la liesse qui accompagne, dans la section III, la naissance d'un enfant (p. 62) ou plus loin, dans la section IV, la simple annonce d'une grossesse (p. 71).

Et surtout le thème du bonheur est traité de manière plus étendue au début de la cinquième section, à propos de l'aumônier qui regrette de quitter Tahiti :

> Les travaux et les récoltes s'y faisaient en commun. L'acception du mot propriété y était très étroite. La passion de l'amour, réduite à

> un simple appétit physique, n'y produisait aucun de nos désordres. L'île entière offrait l'image d'une seule famille nombreuse dont chaque cabane représentait les divers appartements d'une de nos grandes maisons. Il finit par protester que ces Otaïtiens seront toujours présents à sa mémoire ; qu'il avait été tenté de jeter ses vêtements dans le vaisseau et de passer le reste de ses jours parmi eux, et qu'il craint bien de se repentir plus d'une fois de ne l'avoir pas fait (p. 81-82).

Il est question, pour finir, du bonheur dans la discussion sur les lois de la section V : « Combien nous sommes loin de la nature et du bonheur ! », s'exclame *B* (p. 90). Et quand *A* interroge : « Faut-il civiliser l'homme... ? » (p. 92), *B* répond péremptoirement : « Le voulez-vous heureux et libre ? ne vous mêlez pas de ses affaires » (p. 92) et finira par conclure que « la condition de l'homme [n'est] heureuse que dans Otaïti » (p. 95).

Si l'on récapitule les passages sur le bonheur, on s'aperçoit que ce thème récurrent* s'entrelace successivement avec d'autres thèmes comme ceux de l'innocence, de la religion, de la nature, de la législation et de la liberté. Ce n'est sans doute pas un hasard. C'est que Diderot, tout en laissant vagabonder son esprit dans le *Supplément*, ne perd pas de vue cette question du bonheur qui lui tient à cœur et qu'il pose à divers niveaux de développement social et selon différents points de vue. Il peut ainsi balayer tous les aspects de la société qui l'intéressent et conclure en connaissance de cause, ou du moins avec un esprit plus éclairé, sur le lien qu'il convient d'établir entre bonheur et civilisation.

L'ÉDUCATION

Le thème de l'éducation n'est pas un thème central dans le *Supplément au Voyage de Bougainville*. Mais il revient régulièrement dans le cours de la conversation. Il est évident qu'en plaçant la morale au cœur de ses préoccupations, Diderot ne pouvait qu'être amené tôt ou tard à s'intéresser à la question de la transmission des valeurs.

Il faut attendre la deuxième section pour trouver, dans la harangue du vieux Tahitien, un parallèle entre l'éducation prodiguée à leurs filles par les Tahitiennes et celle que les prêtres ont tenté de leur inculquer. Les deux modes d'initiation s'opposent nettement. On a d'un côté le tableau idéalisé de l'accès heureux de la jeune Tahitienne à l'âge nubile (p. 44) et de l'autre la description très négative du prêtre, péjorativement appelé « cet homme noir », qui jette le trouble chez les jeunes Tahitiens en leur parlant en privé. Au grand jour est donc associée l'idée de bonheur, alors qu'au secret répond un malaise certain.

D'autres indices nous sont donnés sur l'éducation des filles à Tahiti dans l'entretien de l'aumônier et d'Orou. Conformément au culte de la natalité qui prévaut, d'après Diderot, chez les Tahitiens, les parents de Thia et de ses sœurs lui ont appris que passer la nuit avec une fille est un service qu'on lui rend, un honneur qu'on lui fait. Il s'agit là d'un total renversement des valeurs, qui joue en faveur des mœurs tahitiennes contre les coutumes européennes.

Le corollaire de cette conception réside dans la façon dont Thia compte élever son fils éventuel, c'est-à-dire dans une reconnaissance éternelle à l'égard de son géniteur, perçu comme un bienfaiteur (p. 55).

Comme les adultes, les jeunes gens entrent dans le cycle funeste des amours contrariées. Les jeunes filles et les jeunes hommes dont on réprime en Europe les pulsions naturelles sont appelés, selon Orou, à pécher en cachette, à tromper leurs parents, à encourir l'opprobre du groupe social (p. 61).

Quant aux enfants, ils sont considérés comme « un bien précieux » qui « occasionne la joie domestique et publique » (p. 62). Mais en attendant qu'ils puissent subvenir à leurs besoins et se rendre utiles, la communauté destine à leur entretien et à celui des vieillards un sixième des fruits récoltés (p. 63).

Orou reprend ensuite en arabesque le discours du vieux Tahitien sur le passage des jeunes gens à l'âge de procréer : « Aussi autant nous sommes attentifs à préserver les unes de l'approche de l'homme, les autres du commerce de la femme avant l'âge de fécondité, autant nous les exhortons à produire lorsque les garçons sont pubères et les filles nubiles » (p. 63).

Un exemple est cette fois donné du discours que tient une mère à sa fille au sujet de l'enfantement :

> Mais, Thia, à quoi penses-tu donc ? tu ne deviens point grosse. Tu as dix-neuf ans, tu devrais avoir déjà deux enfants, et tu n'en as point. Quel est celui qui se chargera de toi ? Si tu perds ainsi tes jeunes ans, que feras-tu dans ta vieillesse ? Thia, il faut que tu aies quelques défauts qui éloignent de toi les hommes ; corrige-toi, mon enfant. À ton âge, j'avais été trois fois mère (p. 64).

Cet exemple est suivi d'un long développement sur les critères de bonne conduite enseignés à la jeunesse de Tahiti et les rites qui les accompagnent (p. 64-65). Ils sont explicitement opposés, dans le commentaire qui suit, au « catéchisme » contraire qu'on leur inculque en Europe (p. 65).

Il sera encore question des vertus qu'un père espère transmettre à son enfant (p. 72), de la pratique familiale de l'inceste (p. 73) et de la transgression par les jeunes Tahitiens des interdits sexuels avant la puberté (p. 76). Cette allusion nous ramène aux rites du voile pour les filles et de la chaîne pour les garçons évoqués plus haut. En revanche, la légèreté des sanctions entraînées par ces fautes fait contrepoint au scandale provoqué par l'inconduite des jeunes en Europe dont parlait l'aumônier.

Ensuite, à l'exception d'une brève mention, dans la cinquième section, de l'éducation qui apprend aux femmes européennes les suites funestes d'un instant d'abandon (p. 89), il ne sera plus question d'éducation dans le dialogue. Diderot ne traite à aucun moment le sujet de l'éducation de façon systématique, mais à force d'y revenir pour le compléter, l'affiner, le développer, en s'appuyant sur tout un jeu de rappels et de contrastes, il finit par procurer au lecteur une vision assez claire et cohérente de sa position.

On pourrait en dire autant de thèmes tels que le mariage, la nature, la sexualité, la fertilité qui reviennent périodiquement dans l'œuvre et finissent par constituer suffisamment de matière pour que le lecteur puisse dégager les points forts de la pensée de l'auteur.

6 L'art du dialogue

DIDEROT RHAPSODE*

Le terme qui vient le plus naturellement à l'esprit pour désigner la forme du *Supplément au Voyage de Bougainville* est celui que l'auteur emploie lui-même à propos de ses œuvres, c'est-à-dire celui de rhapsodie*[1].

Il est vrai que le *Supplément* est composé de cinq pièces qui n'entretiennent pas forcément de lien direct entre elles. Elles ne suivent pas le déroulement chronologique de la découverte, puisque *B* pousse *A* à passer directement au moment des adieux et le ramène ensuite à celui de l'arrivée. Elles ne sont pas disposées non plus selon un ordre logique qui irait comme dans une dissertation de la position d'un problème à sa résolution. Certes certains problèmes de fond sur l'évolution de l'humanité et le développement des sociétés sont soulevés par *A*, au début et à la fin de l'œuvre notamment, mais il n'est pas rare qu'on les oublie au cours de la conversation au profit d'autres questions qui se posent ponctuellement, telles que la participation de mains étrangères au livre de l'abbé Raynal (p. 69), la fidélité des moines au vœu de stérilité (p. 80) ou l'anarchie de la Calabre (p. 93).

Mais curieusement toutes ces digressions apparentes finissent par ramener la conversation à l'interrogation centrale de l'œuvre, qui est de savoir si la civilisation est supérieure à l'état de nature. Il serait

1. Dans *Jacques le fataliste*, il fait dire à un lecteur contradicteur qu'il s'invente : « Et votre *Jacques* n'est qu'une insipide rhapsodie de faits les uns réels, les autres imaginés, écrits sans grâce et distribués sans ordre. »

en conséquence erroné d'affirmer que le *Supplément au Voyage de Bougainville* est une œuvre désordonnée. Elle possède son organisation propre, qui ne correspond pas au schéma cartésien* mais n'en possède pas moins un ordre, qui s'apparente à la composition biologique d'un être vivant.

Pour Diderot, qui est moniste*, il n'existe qu'une seule substance dans l'univers, la matière. Tout dans la nature, les minéraux et les végétaux comme les animaux (dont l'homme fait partie), est constitué d'atomes qui s'entrechoquent pour produire la vie. Suivant cette conception philosophique, il est logique qu'une œuvre littéraire possède les mêmes caractéristiques que la nature qu'elle s'efforce d'imiter. Il n'est donc pas du tout gênant, aux yeux de Diderot, que son œuvre paraisse contradictoire. Au contraire, c'est dans son esprit le signe qu'elle suit le mouvement général de la nature, en somme qu'elle est vraie.

L'IMAGE DU POLYPE

Cette vitalité se traduit dans le *Supplément* par la prolifération incessante d'excroissances au sein du dialogue, à la manière du polype* qui se développe sur un organe[1]. L'image du polype a été employée au sujet de l'œuvre d'art par Diderot, qui voyait le monde comme un grand tout en gestation permanente. Il est ainsi permis de considérer le *Supplément au Voyage de Bougainville* comme un organisme vivant qui procède, comme *Jacques le fataliste*, par bourgeonnements successifs.

Pour résumer, on peut dire que le *Voyage autour du monde* de Bougainville forme le noyau central du *Supplément au Voyage de Bougainville*. De ce noyau central est issu le dialogue entre *A* et *B*, qui engendre à son tour un « Supplément » fictif, exhibé aux yeux de *A* (le lecteur) par *B*. Ce « Supplément » n'est pas sans produire lui-

1. Voir S. Albertan-Coppola, « Rira bien qui rira le dernier », in *Autour du Neveu de Rameau de Diderot*, études réunies par Anne-Marie Chouillet, Paris, Champion, 1991.

même sa propre excroissance, qui est l'histoire de Polly Baker, mère célibataire, appelée par le discours d'Orou sur la fécondité. Mais là ne s'arrête pas la productivité du texte. À son tour, cette malheureuse aventure va donner naissance à une apologie* de l'abbé Raynal, selon *B* injustement accusé par ses contemporains de ne pas être le seul auteur de son *Histoire du commerce des deux Indes* (p. 69).

Cette créativité continuelle du dialogue n'est pas seulement chez l'auteur du *Supplément au Voyage de Bougainville* la marque de sa liberté de créateur. Si Diderot, comme il l'avoue lui-même dans *Le Neveu de Rameau*, se plaît à « abandonne[r son] esprit à tout [son] libertinage », il attend plus de cet exercice qu'un simple divertissement. Il compte sur la confrontation entre des idées contraires pour faire jaillir la vérité. C'est pourquoi la forme dialogique est l'expression idéale de sa pensée, qui n'énonce jamais une idée sans envisager aussitôt son contraire. C'est le rôle qui est dévolu dans l'œuvre aux personnages d'Orou et de l'aumônier. Chacun s'emploie à mettre l'accent sur les défauts d'une idée, aussitôt qu'elle est énoncée par son interlocuteur. C'est ainsi qu'à tour de rôle le Tahitien et l'Européen vont être amenés à manifester leur perplexité, voire leur désapprobation, sur la manière dont l'autre conçoit le mariage. Orou commence par s'étonner que le Dieu des Européens ait prescrit des devoirs entre les sexes (p. 57). L'aumônier, quant à lui, ne peut admettre qu'à Tahiti les hommes et les femmes s'unissent sans cérémonie (p. 62). Une telle démarche est heuristique*, c'est-à-dire qu'elle permet de trouver ou du moins d'avancer vers la vérité, en l'occurrence la meilleure façon d'envisager les relations entre les deux sexes. À l'issue de ce chassé-croisé d'objections entre l'aumônier et le Tahitien, il apparaît clairement que, pour Diderot, la meilleure solution est celle qui saura préserver la liberté des amants sans nuire à la société et sans porter atteinte aux droits de l'enfant.

En fait, ces dialogues que Diderot imagine entre ses personnages sont comme des entretiens qu'il a avec lui-même. Le philosophe aime en effet à s'interroger lui-même, comme il le confie dans le *Discours sur la poésie dramatique* (1758) :

> Vous savez que je suis habitué de longue main à l'art du soliloque. Si je quitte la société et que je rentre chez moi triste et chagrin, je me retire dans mon cabinet, et là je me questionne et je me demande : Qu'avez-vous ? de l'humeur ?... Oui... Est-ce que vous vous portez mal ?... Non... Je me presse, j'arrache de moi la vérité (chapitre 7).

Les dialogues contradictoires qu'il propose dans ses œuvres sont en quelque sorte le prolongement de ces débats intérieurs. En s'opposant un contradicteur, Diderot met sa pensée à l'épreuve, parfois pour exprimer ses doutes mais le plus souvent, paradoxalement, pour renforcer ses intuitions premières. La formulation d'objections lui permet en effet de préciser sa propre pensée, de répondre à un certain nombre d'objections qui l'arrêtent encore et finalement d'en ressortir affermi dans ses convictions.

Par exemple, la nature est donnée par Orou, au début de l'entretien avec l'aumônier, comme « la souveraine maîtresse » (p. 54) et elle est présentée plus loin comme l'un des critères d'après lesquels il faut fonder les règles de conduite (p. 57). Lui faire violence, c'est s'exposer à l'infraction des préceptes prescrits. « Attache-toi à la nature des choses et des actions », finira par conseiller Orou à son interlocuteur (p. 60). Aux décrets de la nature, l'aumônier n'a à opposer que sa religion et son état. L'argument, certes, est de peu de poids face à la force de l'appel de la nature. Mais les questions que pose l'Européen à Orou ne sont pas sans intérêt.

Tout d'abord, il s'efforce de comprendre comment peut fonctionner, de manière pratique, le système tahitien. À propos de l'enfant qui résulte d'unions si précaires, il interroge : « À qui appartient-il donc ? » (p. 72). Quand Orou lui apprend que, chez les Tahitiens, l'acte sexuel est prohibé avant l'âge de la fécondité, il pose cette question concrète : « Quelles précautions prenez-vous pour garder vos filles et vos garçons adolescents ? » (p. 64). Cet Européen a aussi le souci de l'ordre social : il demande s'il existe à Tahiti des châtiments pour les femmes jugées libertines (p. 73) et si l'inceste ne risque pas de nuire à la constitution politique (p. 74). Ce chrétien pose le problème humain du sort des enfants quand les couples se défont (p. 62) et des femmes disgraciées par la nature (p. 75). Toutes ces questions ne sont pas de fausses objections destinées à ridiculiser l'aumônier mais des préoccupations réelles du penseur Diderot qui, avant d'adopter une thèse, veut s'assurer qu'elle est valable par tous ses côtés, qu'elle ne comporte pas de conséquences néfastes, de vices rédhibitoires.

Mais les conclusions auxquelles il aboutit sont rarement définitives. Elles ne représentent généralement qu'un état provisoire de sa pensée, nécessairement éphémère parce que soumis, suivant sa philosophie, au mouvement général de la matière. Pour lui, comme il l'écrit dans *Le Rêve de d'Alembert*, « tout est en un flux perpétuel ».

Diderot par conséquent n'est pas dogmatique*, il ne considère pas comme Platon ou Kant qu'il existe une vérité absolue que l'homme peut atteindre. La comparaison qu'on a pu faire entre le dialogue diderotien et le dialogue socratique ne se justifie donc qu'en partie. Pour Diderot, toute vérité est relative, elle ne correspond qu'à une étape intellectuelle, destinée à être dépassée.

C'est ce qui explique le caractère inachevé de ses dialogues, qui se terminent souvent, de manière frustrante pour le lecteur, par une pirouette (dans le *Supplément*, une plaisanterie sur les femmes qui ne disent pas ce qu'elles pensent). On ne peut les comprendre qu'en les replaçant dans l'itinéraire philosophique de l'auteur. Ainsi l'utopie tahitienne constitue indéniablement une tentation pour lui à la lecture du récit de Bougainville mais, comme l'explique Bernard Papin[1], Diderot n'a pas vraiment « la fibre utopiste ». À l'utopie, il reproche de ne tenir aucun compte de la réalité des faits. Le modèle tahitien représente donc dans son esprit, plutôt qu'un exemple à imiter, un contre-modèle critique qui lui permet d'avancer dans son analyse des sociétés européennes. L'étape suivante sera le séjour en Russie, qui va lui offrir la possibilité d'appliquer les idées nées de la lecture du *Voyage autour du monde* de Bougainville à la société russe, parvenue à un stade de développement intermédiaire entre la trop jeune Tahiti et la France déclinante.

---

1. *Op. cit,* p. 189.

7 Diderot et l'argumentation

La rhétorique est définie par Aristote (384-322 avant J.-C.) comme l'art du discours. Dans le but de persuader son auditeur ou son lecteur, l'émetteur du message adapte ses arguments à la fois à la situation et à son destinataire. Et il énonce son message selon des procédés d'expression (en grec *taxis*, en latin *dispositio*) et des figures de style (en grec *lexis*, en latin *elocutio*). Cette discipline fut enseignée à Rome comme en Grèce dans des classes où l'on exerçait les élèves à l'art de la persuasion et à celui de la controverse. Elle faisait aussi partie des arts libéraux enseignés dans la France médiévale, fortement nourrie de la culture des Anciens.

Au XVIIIe siècle, l'enseignement puise encore largement aux sources antiques et Diderot, qui a fait ses études secondaires au collège des jésuites de Langres, a reçu une solide formation de lettres classiques. Il a pu ainsi confier dans le *Plan d'une université* : « J'ai sucé de bonne heure le lait d'Homère, de Virgile, d'Horace, d'Anacréon, de Platon, d'Euripide, coupé avec celui de Moïse et des Prophètes. » Lors de son emprisonnement au donjon de Vincennes pour la *Lettre sur les aveugles*, en 1749, on raconte qu'il traduisit de mémoire l'*Apologie de Socrate*. Même s'il a peut-être disposé d'un exemplaire de Platon, comme un témoignage le suggère, cette traduction prouve au moins son excellente connaissance du grec.

De cette familiarité avec les auteurs de l'Antiquité, le *Supplément au Voyage de Bougainville* conserve des traces. D'une part, on constate que ce sont les exemples antiques qui viennent le plus souvent à l'esprit de l'auteur quand il s'agit d'illustrer son propos (la « lyre de Mercure », p. 95) ou de l'appuyer (« Marc-Aurèle », p. 91). D'autre part, le texte offre plusieurs morceaux d'éloquence, dont les plus frappants sont le discours du vieillard tahitien et la plaidoirie de Polly Baker. On y retrouve, dans la bouche de ces êtres frustes, comme dans celle du vieux Troglodyte des *Lettres persanes* (→ TEXTE 2, p. 132), les procédés les plus éprouvés de la rhétorique antique[1].

Pour convaincre, Diderot sait user de l'enseignement dispensé par ses maîtres mais, plus que de l'application de règles établies, il s'agit chez lui du choix des procédés rhétoriques les plus appropriés à la forme d'esprit spontanée et primesautière qui est la sienne. Là comme ailleurs, Diderot n'a qu'à suivre sa pente naturelle.

LE QUESTIONNEMENT

Le procédé le plus courant sous la plume de Diderot est le questionnement. L'auteur du *Supplément* (représenté par *B*) a l'art de pousser son interlocuteur (*A*, qui figure le lecteur) dans ses derniers retranchements en l'assaillant de questions qui ébranlent ses certitudes. Cette méthode est liée à la pensée des Lumières qui incite l'homme à ne rien admettre pour vrai dont il n'ait trouvé la preuve. On lit dans l'article «Philosophe» de l'*Encyclopédie* rédigé par Dumarsais mais corrigé par Diderot :

> La vérité n'est pas pour le philosophe une maîtresse qui corrompe son imagination, et qu'il croie trouver partout ; il se contente de la pouvoir démêler où il peut l'apercevoir. Il ne la confond point avec la vraisemblance ; il prend pour vrai ce qui est vrai, pour faux ce qui est faux, pour douteux ce qui est douteux, et pour vraisemblable ce qui n'est que vraisemblable. Il fait plus, et c'est ici une grande perfection du philosophe, c'est que lorsqu'il n'a point de motif pour juger, il sait demeurer indéterminé.

C'est ainsi que *B* demande à *A* dès sa première affirmation sur le temps qu'il fait : «Qu'en savez-vous ?» (p. 23). Et s'il lui concède quelque vérité sur le brouillard qui s'épaissit («Il est vrai»), c'est pour

1. Afin de prévenir le reproche d'invraisemblance que le lecteur pourrait lui adresser, Diderot invoque l'éloquence des sauvages. Il fait dire à *A* par *B* : «Allez droit aux adieux que fit un des chefs de l'île à nos voyageurs. Cela vous donnera quelque notion de l'éloquence de ces gens-là» (p. 38). Cette éloquence des sauvages avait été réellement remarquée par les voyageurs.

aussitôt le lancer sur une nouvelle question : «Mais si au contraire il traverse l'éponge, s'élève et gagne la région supérieure où l'air est moins dense et peut, comme disent les chimistes, n'être pas saturé ?» (p. 23). Et quand il ne sait pas, suivant l'attitude que doit avoir l'homme des Lumières, il ne se prononce pas : «Qui sait l'histoire primitive de notre globe ? combien d'espaces de terre, maintenant isolés, étaient autrefois continus ?» (p. 29). Cette façon d'émettre constamment des hypothèses n'est pas de la part de Diderot un aveu de faiblesse mais bien plutôt un signe de créativité de l'esprit, toujours en éveil et en action pour dépasser les points de vue étroits et les lieux communs.

L'INJONCTION

Un autre moyen d'entraîner le lecteur est pour Diderot l'injonction. Dans le but de le secouer dans son confort intellectuel, il le soumet à toute une série d'incitations plus ou moins pressantes, formulées au mode impératif ou subjonctif. *B* pousse *A* à lire le «Supplément» sur un ton qui ne souffre pas de réplique : «Tenez, tenez, lisez. Passez ce préambule qui ne signifie rien, et allez droit aux adieux que fit un des chefs de l'île à nos voyageurs» (p. 38). À ces impératifs feront écho ceux du vieillard qui relaye *B* comme représentant de l'auteur : «Pleurez, malheureux Otaïtiens, pleurez ; mais que ce soit de l'arrivée, et non du départ de ces hommes ambitieux et méchants» (p. 40), ordonne-t-il aux siens. On trouve aussi dans le *Supplément au Voyage de Bougainville* quelques infinitifs à valeur injonctive, comme le conseil de «prendre le froc du pays où l'on va, et garder celui du pays où l'on est» (p. 96).

D'autres fois, les demandes pressantes de *B* ont une vertu pédagogique. Lorsqu'il dit par exemple à *A* : «[...] soyez témoin, par la pensée de ce spectacle d'hospitalité, et dites-moi comment vous trouvez l'espèce humaine» (p. 48), il le conduit en quelque sorte par la main de l'observation à la conclusion, selon la méthode expérimentale chère aux Lumières. Il lui apprend en somme à penser :

> *B.* – Eh bien, qu'en pensez-vous ?
> *A.* – Ce discours me paraît véhément, mais à travers je ne sais quoi d'abrupt et de sauvage il me semble y retrouver des idées et des tournures européennes.
> *B.* – Pensez donc que c'est une traduction de l'otaïtien en espagnol et de l'espagnol en français. [...]
> *A.* – Je ne vois que trop à présent pourquoi Bougainville a supprimé ce fragment [...] (p. 47-48).

On voit bien ici comment le « pensez donc » de *B* amène *A* à « voir ». Cette méthode s'apparente à la maïeutique* socratique, mais le verbe « voir » qui est employé à la fin pour désigner la découverte de la vérité est caractéristique des Lumières. L'esprit, éclairé par le dialogue, est enfin apte à percevoir ce qui est autour de lui, il ne tire pas la vérité de son propre fonds. Celle-ci est offerte à ses yeux ; il lui suffit pour la trouver de savoir observer. C'est la démarche du philosophe, tel que le définit Dumarsais, aidé de Diderot, dans l'article « Philosophe » de l'*Encyclopédie* :

> De cette connaissance que les principes ne naissent que des observations particulières, le philosophe en conçoit de l'estime pour la science des faits ; il aime à s'instruire des détails et de tout ce qui ne se devine point ; ainsi, il regarde comme une maxime très opposée au progrès des lumières de l'esprit que de se borner à la seule méditation et de croire que l'homme ne tire la vérité que de son propre fonds.

L'OBJECTION

Parmi les procédés employés par Diderot pour emporter l'assentiment du lecteur, il ne faut évidemment pas négliger l'objection, qui est un procédé courant dans les textes polémiques[1] mais dont Diderot fait un usage original. Il ne manque pas bien sûr, comme tous les rhéteurs, de parer les objections en leur donnant une réponse anticipée. Tel est le sens des « bizarreries » que *A* trouve dans la personnalité de Bougainvllle, ce mathématicien qui se lance dans la

1. C'est la différence avec la satire qui déforme les arguments de l'adversaire sans les prendre en compte pour les réfuter.

navigation, cet homme sociable qui s'expose aux périls des flots (p. 28). Les faire énoncer par *A* permet à l'auteur d'en donner la réfutation par l'intermédiaire de *B* et d'apporter ainsi une caution aux faits rapportés par le voyageur.

Mais le plus souvent les objections font partie intégrante de la pensée de l'auteur qui, par personnages interposés, progresse par choc des contraires. Ainsi la liste des objections opposées à Orou par l'aumônier n'est pas destinée à discréditer les mœurs tahitiennes mais plutôt à les mettre en valeur, à en creuser le sens, à en approfondir la notion. Tout en vantant la libre sexualité des Tahitiens, Diderot a bien compris par exemple qu'elle favorisait l'inceste et il n'est sans doute pas sûr qu'une telle pratique soit acceptable. Il se demande en particulier, comme il le fait dire à l'aumônier, si elle ne « menace [pas] la constitution politique » en rassemblant des millions d'hommes « autour d'une cinquantaine de pères de famille ». Cela l'amène à faire répondre par Orou, comme s'il se répondait à lui-même : « Le pis-aller, c'est qu'où il n'y a qu'une grande société, il y en aurait cinquante petites : plus de bonheur et un crime de moins » (p. 75).

Diderot s'est peut-être aussi, à la lecture du *Voyage autour du monde*, interrogé sur le sort des Tahitiennes disgraciées. Cette difficulté se trouve aussi résolue par l'intermédiaire du personnage d'Orou, qui invoque la générosité des jeunes Tahitiens (p. 75). Il en va de même pour ce qui arrive aux enfants dont les géniteurs se séparent. La question posée par l'aumônier à Orou permet à Diderot de clarifier ce point obscur :

> En repassant de la cabane de son mari dans celle de ses parents, une femme emmène avec elle ses enfants qu'elle avait apportés en dot ; on partage ceux qui sont nés pendant la cohabitation commune et l'on compense autant qu'il est possible les mâles par les femelles, en sorte qu'il reste à chacun à peu près un nombre égal de filles et de garçons (p. 63).

LA RÉPÉTITION

Il convient aussi de faire un sort particulier à la figure de la répétition. Sa fonction est évidente : en martelant une idée, on parvient mieux à la faire entrer dans la tête du lecteur. Ainsi l'idée-force de Diderot selon laquelle les nations sont assujetties à trois codes contradictoires apparaît à plusieurs reprises sous des formes diverses. En raison de l'écriture polyphonique* du *Supplément*, elle est même exprimée par trois voix différentes. Orou demande d'abord à l'aumônier : «[...] et où en serais-tu réduit, si tes trois maîtres, peu d'accord entre eux, s'avisaient de te permettre, de t'enjoindre et de te défendre la même chose, comme je pense qu'il arrive souvent ?» (p. 59). Plus tard, *B* affirmera :

> Parcourez l'histoire des siècles et des nations tant anciennes que modernes, et vous trouverez les hommes assujettis à trois codes, le code de la nature, le code civil et le code religieux, et contraints d'enfreindre alternativement ces trois codes qui n'ont jamais été d'accord (p. 82).

Enfin, *A* lui-même sera suffisamment gagné aux idées de *B* (Diderot) pour rêver d'une uniformisation des trois codes : «Que le code des nations serait court, si on le conformait rigoureusement à celui de la nature ! combien de vices et d'erreurs épargnés à l'homme !» (p. 91). Voilà bien la preuve de l'efficacité de la répétition !

Souvent, plus que par véritable répétition, Diderot procède par la reprise en écho d'une même idée avec de légères variantes. C'est généralement à *A* qu'est dévolu dans le *Supplément* le rôle de répétiteur. On aurait tort de croire qu'il n'a aucun rôle actif dans cette démarche. En fait, il pousse souvent plus loin que ne l'a fait *B* son propre raisonnement, ce qui permet à *B* de le compléter, de l'étendre ou de décider de couper court à son développement. Le lecteur assiste en direct au mouvement de la pensée de Diderot, qui se divise pour mieux se préciser. Elle n'apparaît jamais comme une donnée fixe, définitive mais comme une faculté en marche. On relèvera les «Je pense comme vous» de *A* (p. 84), qui ne sont qu'une façon pour *B*-Diderot de respirer et de reprendre son élan pour aller plus loin :

B. – […] le mariage est dans la nature.
A. – Je le pense comme vous ; car cette préférence se remarque non seulement dans l'espèce humaine, mais encore dans les autres espèces d'animaux [...].
B. – […] la galanterie est dans la nature.
A. – Je le pense comme vous : témoin toute cette diversité de gentillesses pratiquée par le mâle pour plaire à la femelle, et par la femelle pour irriter la passion et fixer le goût du mâle […] (p. 84).

Dans les deux cas, l'intervention de *A* sert de tremplin à la pensée de B, qui s'appuie sur elle pour ajouter une raison (introduite par «car») ou une preuve (amenée par «Témoin») à ses affirmations sur le caractère naturel du mariage et de la galanterie.

On note même des cas où l'intervention de *A* n'a pas d'autre fonction que de rendre la démonstration plus légère en observant une pause dans le raisonnement. Ainsi, quand *A* demande à *B* : «Qu'entendez-vous donc par des mœurs ?» (p. 82), cela ne change rien au raisonnement de *B*. Celui-ci aurait pu tout aussi bien poursuivre sa réflexion d'un seul trait et il serait tout à fait possible de supprimer la question de *A* sans rien ôter d'essentiel à la démonstration de *B*.

8 Le style d'un philosophe

Diderot est un philosophe très habile dans l'art d'obtenir l'adhésion du lecteur, avec lequel il aime à entrer en communication directe. Herbert Dieckmann a admirablement décrit le lien qui s'établit généralement entre Diderot et son lecteur :

> Souvent, quand on lit Diderot, un contact direct semble s'établir avec sa pensée. On en ressent les mouvements comme dans une conversation réelle : on a l'impression de l'entendre parler. Le bon, le meilleur Diderot ne peut pas être lu passivement, il n'existe que dans l'échange[1].

Cet échange avec le lecteur passe par l'emploi d'un style très vivant, qui est fortement tributaire de la philosophie de l'auteur.

UN STYLE IMAGÉ

Diderot, qui est sensualiste*, est persuadé que c'est par les sens que les idées pénètrent dans l'esprit. Il cherche donc par tous les moyens à amener le lecteur à se représenter les personnages et les scènes qu'il décrit, d'où le grand nombre de métaphores qu'il emploie. Pour mieux faire saisir au lecteur, par exemple, la portée de son argumentation sur l'asservissement des peuples, *B* a recours à la métaphore de la lyre de Mercure, qu'il file sur plusieurs lignes :

> *B.* – […] Les Grecs proscrivaient celui qui avait ajouté une corde à la lyre de Mercure.
> *A.* – Et cette défense est une satire sanglante de leurs premiers législateurs. C'est la première qu'il fallait couper.
> *B.* – Vous m'avez compris. Partout où il y a une lyre, il y a des cordes […] (p. 95).

1. H. Dieckmann, *Cinq Leçons sur Diderot*, Genève, Droz et Paris, Minard, 1959, p. 34.

De même, plus bas, le conseil donné par *B* d'imiter l'aumônier qui s'adapte aux mœurs du pays où il se trouve est aussitôt transposé par *A* en termes vestimentaires : « Prendre le froc du pays où l'on va, et garder celui du pays où l'on est » (p. 96).

Cette volonté de faire voir explique aussi pourquoi Diderot use abondamment des exemples, capables de rendre sensibles ses idées au lecteur. Dans le *Supplément au Voyage de Bougainville*, on notera ceux de l'anarchie de la Calabre (p. 93) et de la république de Venise (p. 95), qui viennent aussitôt à l'appui des propos théoriques de *B* sur le meilleur gouvernement. Et l'allusion de *B* aux femmes méchantes et aux hommes atroces est immédiatement assortie par *A* des cas particuliers de Reymer et de Gardeil (p. 95).

L'usage fréquent que l'écrivain fait des présentatifs « c'est », « il y a », « voici » ou « voilà » va dans le même sens. Il s'agit d'une façon de mettre pour ainsi dire sous les yeux du lecteur une scène, un décor, un personnage ou tout simplement une évidence. « Voilà le brouillard qui retombe » (p. 38), remarque *A* comme pour nous en avertir. Orou en fait autant avec les femmes de sa maisonnée, qu'il présente à l'aumônier : « Voilà ma femme, voilà mes filles, choisis celle qui te convient » (p. 53). De même, *B* ouvrira l'histoire de Polly Baker en l'exhibant par un « la voici » (p. 67). Et quand *A* engage *B* dans un discours sur la morale galante, celui-ci ponctue son audacieuse réponse par : « Voilà tout ce qu'il pourrait y avoir de naturel dans la pudeur, le reste est d'institution » (p. 87).

Dans le même ordre d'idées, on notera l'art du croquis qui caractérise Diderot. Son écriture est en effet très picturale. Il se plaît à décrire ses personnages, notamment leurs postures, comme s'il décrivait un tableau. Il y a certainement lieu de voir dans cette tendance un lien avec les comptes rendus qu'il a faits pendant des années des expositions de l'Académie royale de peinture et de sculpture, publiés sous le titre de *Salons*. On en trouve un excellent exemple dans le récit de l'arrivée du vaisseau de Bougainville à Tahiti :

> On lui jetait des provisions, on lui tendait les bras ; on s'attachait à des cordes ; on gravissait contre les planches, on avait rempli sa chaloupe. On criait vers le rivage d'où les cris étaient répondus ; les

habitants de l'île accouraient. Les voilà tous à terre. On s'empare des hommes de l'équipage, on se les partage ; chacun conduit le sien dans sa cabane. Les hommes les tenaient embrassés par le milieu du corps, les femmes leur flattaient les joues de leurs mains. Placez-vous là, soyez témoin par la pensée de ce spectacle d'hospitalité [...] (p. 48).

Dans ce texte, on note d'abord le passage de l'imparfait de durée au présent de narration, qui rend la scène plus vivante, puis les détails concernant les postures : les personnages sont distribués, de manière évocatrice, dans l'espace comme sur une toile. Enfin, la dernière remarque de *B*, qui invite *A* à voir « par la pensée », souligne de manière troublante la volonté de l'auteur de faire voir la scène au lecteur (représenté par *A*) comme s'il y était.

UN STYLE NATUREL

D'autre part, Diderot, qui place la nature au centre de sa philosophie, est très attentif à produire dans son texte des effets de réel. Il use ainsi volontiers des exclamations qui expriment les réactions spontanées de ses personnages. Elles apparaissent régulièrement dans l'entretien entre Orou et l'aumônier, pour marquer l'étonnement de l'un ou de l'autre des interlocuteurs. L'aumônier s'écrie cocassement : « mais l'inceste ! mais l'adultère ! » (p. 73), comme il s'écriait : « Mais ma religion ! mais mon état ! » (p. 55). Inversement, Orou s'exclame en prenant connaissance de l'infamie attachée à la fille ou la femme infidèle : « Déshonorée ! », « Méprisée ! » (p. 61). Il résumera plus loin ses impressions sur le comportement matrimonial des Européens par un cri du cœur : « Quel monstrueux tissu d'extravagances tu m'exposes là ! » (p. 61).

Ces exclamations s'accompagnent parfois d'un autre procédé, tout aussi fréquent chez Diderot, qui consiste à tronquer les phrases en les terminant par des points de suspension. L'auteur souligne ainsi l'intensité de l'émotion ou la perplexité du locuteur. Par exemple, Orou répète en écho : « Un inceste... », en entendant prononcer ce mot par l'aumônier (p. 74). De même, *A* rétorque à *B* qui vient de raconter comment les Tahitiens se sont jetés sur un membre de l'équipage : «Quoi ? ces peuples si simples, ces sauvages si bons, si honnêtes...» (p. 51). Le non-dit est ici plus parlant que ne le seraient n'importe quelles paroles.

Diderot accumule enfin les questions qui confèrent de la vivacité au discours. Les interrogations rhétoriques abondent entre autres dans les adieux du vieillard. On peut lire par exemple :

> Tu es venu, nous sommes-nous jetés sur ta personne ? Avons-nous pillé ton vaisseau ? T'avons-nous saisi et exposé aux flèches de nos ennemis ? T'avons-nous associé dans nos champs au travail de nos animaux ?» (p. 42).

Bref, Diderot ne néglige aucun moyen de rendre son récit ou son discours vivant, de façon à rapprocher le plus possible la littérature de la vie. C'est pourquoi aussi il privilégie le mode de communication oral qui instaure un rapport direct avec le lecteur. De cette façon, le lecteur peut s'identifier avec l'un des locuteurs, en l'occurrence *A*. De même, les adresses directes sont fréquentes dans l'œuvre. «Ô Aotourou», s'écrie *A* comme s'il était près de lui (p. 37). «Ô Otaïtiens, ô mes amis», dit le vieillard à son peuple (p. 40). «Ô étranger !», dit Orou en s'adressant à l'aumônier (p. 62). Chacun essaie par ce moyen de faire réagir l'autre en l'interpellant.

C'est ce qui explique l'emploi privilégié du langage d'action, qui consiste à utiliser des phrases courtes presque exclusivement composées du sujet suivi d'un verbe d'action. C'est le cas, par exemple, au début de la première section, quand *B* narre les affres de l'aumônier soumis à la tentation (→ LECTURE 3, p. 115). Dans ce texte, le narrateur parvient à suggérer l'émotion du personnage sans recourir à aucun adverbe ni adjectif. C'est uniquement par l'indication des gestes de l'aumônier qu'il exprime ce que celui-ci ressent.

UN STYLE ÉMOUVANT

La sensibilité est au centre de la philosophie de Diderot. Il en fait dans *Le Rêve de d'Alembert* «une qualité générale et essentielle de la matière». Dieu étant exclu de son système d'explication du monde, il faut nécessairement que la matière sente par elle-même. Diderot compare la fibre de nos organes à des cordes vibrantes qui résonnent longtemps encore après avoir été pincées. Ainsi, pour lui, l'homme est pareil à « un clavecin sensible ».

En tant qu'écrivain, Diderot espère donc toucher chez son lecteur la corde sensible qui le fera réagir. Son modèle dans ce domaine est le romancier anglais Samuel Richardson (1689-1761), auteur de *Pamela* et de *Clarissa Harlowe*. En 1762, dans l'*Éloge de Richardson*, il portait à son sujet ce jugement significatif :

> Ô Richardson ! on prend, malgré qu'on en ait, un rôle dans tes ouvrages, on se mêle à la conversation, on approuve, on blâme, on admire, on s'irrite, on s'indigne. Combien de fois ne me suis-je pas surpris, comme il est arrivé à des enfants que l'on avait menés au spectacle pour la première fois, criant : « Ne le croyez pas, il vous trompe… Si vous allez là, vous êtes perdu. »

Diderot multiplie donc dans son œuvre les procédés capables de provoquer l'émotion. Dans le *Supplément au Voyage de Bougainville*, la recherche de l'émotion est spécialement visible dans les adieux du vieillard et dans l'histoire de Polly Baker, mais on la sent aussi fugitivement affleurer dans le discours d'autres personnages tels que *B*.

Pour la provoquer, l'auteur sait composer des tableaux qui touchent le cœur du lecteur. Ainsi le vieux chef tahitien rappelle-t-il de manière touchante à Bougainville un épisode meurtrier qui a eu lieu aussitôt après son arrivée (p. 45-46). Le pathétique naît surtout ici des effets de contraste entre l'amitié et la mort, les fruits que l'on offre et le sang que l'on verse. Dans l'histoire de Polly Baker, c'est par une coïncidence dramatique que Diderot porte l'émotion à son comble, à savoir l'appartenance du séducteur de Polly au tribunal même devant lequel sa victime comparaît (p. 68).

B lui-même, qui apparaît plutôt d'ordinaire comme un froid raisonneur, n'évoque pas sans une certaine sensibilité les élans amoureux complexes qui poussent l'homme et la femme l'un vers l'autre :

> S'ils s'attendent, s'ils se fuient, s'ils se poursuivent, s'ils s'évitent, s'ils s'attaquent, s'ils se défendent, c'est que la passion inégale dans ses progrès ne s'explique pas en eux de la même force ; d'où il arrive que la volupté se répand, se consomme et s'éteint d'un côté,

lorsqu'elle commence à peine à s'élever de l'autre, et qu'ils en restent tristes tous deux. Voilà l'image fidèle de ce qui se passerait entre deux êtres libres, jeunes et parfaitement innocents. Mais lorsque la femme a connu par l'expérience ou l'éducation les suites plus ou moins cruelles d'un moment doux, son cœur frissonne à l'approche de l'homme. Le cœur de l'homme ne frissonne point ; ses sens commandent et il obéit. Les sens de la femme s'expliquent et elle craint de les écouter ; c'est l'affaire de l'homme que de la distraire de sa crainte, de l'enivrer et de la séduire (p. 89).

Des termes évocateurs comme « volupté », « frissonner » et « enivrer », ainsi que le balancement suggestif de la phrase parlent aux sens du lecteur.

Mais pour Diderot le sentiment n'a pas en lui-même sa finalité. Si l'écrivain se plaît à le susciter, c'est afin de mieux disposer l'âme de son lecteur au bien. Lui qui s'est souvent senti bon et juste à la lecture de Richardson, entend bien contribuer à son tour à l'édification[1] du lecteur.

Malgré sa réputation de libertin, en effet, Diderot attache une grande importance à la morale. La vertu n'est pas pour lui un vain mot. Il espère bien dans le *Supplément* éveiller les bons sentiments du lecteur, à la manière de Bernardin de Saint-Pierre dans *Paul et Virginie*, par l'évocation vibrante de la générosité et de la souffrance des Tahitiens, afin d'accroître la portée morale de son œuvre.

---

1. *Édification* : action de porter à la vertu, à la piété. On dira d'un roman qu'il est édifiant s'il pousse le lecteur à bien agir.

9 La satire du clergé

Chez les Romains, la satire* était une pièce en vers fustigeant les vices et les ridicules des hommes. Le genre a été très utilisé, en prose comme en poésie, dans la littérature du Moyen Âge pour critiquer le clergé, la noblesse ou la courtoisie. Rabelais en use encore largement contre les moines au XVIe siècle dans *Pantagruel* et *Gargantua*. C'est dans cette lignée anticléricale que se situent la description moqueuse que Diderot fait de l'aumônier de l'équipage dans la troisième et la quatrième sections du *Supplément au Voyage de Bougainville*, mais aussi les pointes acérées qu'il lance contre les jésuites du Paraguay à la fin de la première section.

LE RIDICULE DE L'AUMÔNIER

Pour railler l'aumônier, l'auteur s'appuie en premier lieu sur un comique de situation : il est piquant de voir cet homme qui a fait vœu de chasteté sollicité pour rendre heureuse une Tahitienne et surtout de le voir tiraillé entre l'instinct de la nature et ses devoirs religieux. La description qui est faite de ce prêtre qui s'agite et se tourmente à la vue de jeunes personnes dénudées est particulièrement drôle. Elle comporte en outre un comique de gestes. Cet homme qui tantôt détourne ses regards des aimables (c'est-à-dire, par sous-entendu, désirables) suppliantes et tantôt les ramène sur elles, ou qui lève les yeux et les mains au ciel, provoque irrésistiblement le rire du lecteur. Le tableau suivant est encore plus cocasse ; il nous montre, avec un effet d'ellipse saisissant, l'aumônier se retrouvant le lendemain au lit avec la jeune fille, aussitôt après avoir dépeint ses dernières résistances (→ LECTURE 3, p. 115) :

> […] en disant, Mais ma religion ! mais mon état ! il se trouva le lendemain couché à côté de cette jeune fille qui l'accablait de caresses, et qui invitait son père, sa mère et ses sœurs lorsqu'ils s'approchèrent de son lit le matin, à joindre leur reconnaissance à la sienne (p. 56).

Diderot brode sur ce thème en y ajoutant un comique de répétition : aux tentations répétées que lui inflige Orou, le malheureux prêtre oppose à chaque fois : « Mais ma religion, mais mon état ! ». Ce type de réplique est à rapprocher de phrases célèbres du répertoire classique, telles que : « Mais que diable allait-il faire dans cette galère ? » de Géronte dans *Les Fourberies de Scapin* ou : « Le pauvre homme ! » d'Orgon dans *Tartuffe*. Leur réitération souligne en même temps de manière comique le caractère obsessionnel de la préoccupation du personnage et la position douloureuse dans laquelle il se trouve.

Mais évidemment il faut surtout voir dans cet épisode comique la mise en application de la théorie de Diderot sur l'impossibilité pour l'homme ou la femme de renoncer à l'appel de la nature pour se consacrer à Dieu. Plus loin, le Tahitien reviendra sur l'institution, impraticable à ses yeux, du célibat religieux : « OROU. – Et ce vœu de stérilité, le moine y est-il bien fidèle ?/ L'AUMÔNIER. – Non » (p. 80). Faire serment de chasteté, c'est même se condamner, selon lui, à de graves troubles physiologiques qui sont la vengeance de la nature réprimée :

> OROU. – […] Avez-vous aussi des moines femelles ?
> L'AUMÔNIER. – Oui.
> OROU. – Aussi sages que les moines mâles ?
> L'AUMÔNIER. – Plus renfermées, elles sèchent de douleur, périssent d'ennui.
> OROU. – Et l'injure faite à la nature est vengée ! […] » (p. 80).

Le thème est cher à Diderot, qui l'a longuement développé en 1760 dans *La Religieuse*, en insistant sur les ravages de la claustration monacale. Dans un violent réquisitoire, l'avocat Manouri évoquait les maux terribles entraînés dans les couvents par les vœux monastiques, qui heurtent la pente générale de la nature :

> Où est-ce qu'on voit cet ennui profond, cette pâleur, cette maigreur, tous ces symptômes de la nature qui languit et se consume ? Où les nuits sont-elles troublées par des gémissements, les jours trempés de larmes versées sans cause et précédées d'une mélancolie qu'on ne sait à quoi attribuer ? Où est-ce que la nature révoltée d'une contrainte pour laquelle elle n'est point faite, brise les obstacles qu'on lui oppose, devient furieuse, jette l'économie animale dans un désordre auquel il n'y a plus de remède[1] ?

La raillerie à l'égard des religieux court en fait à travers tout l'entretien entre Orou et l'aumônier. Elle dépasse largement la seule question charnelle. L'aumônier est aussi l'objet de raillerie pour la maladresse qu'il manifeste dans les réponses qu'il donne aux questions du Tahitien sur le contenu de sa foi. Par exemple, la façon dont il présente le Dieu chrétien comme un « ouvrier » ne pouvait que susciter de la part du sauvage de bon sens qu'est Orou des demandes concrètes qui le discréditent : « Il a donc des pieds, des mains, une tête ? », « Où fait-il sa demeure ? » (p. 56-57).

Ainsi défini, sans qu'il soit tenu compte d'aucune dimension spirituelle ni transcendante, le Dieu du christianisme ne peut paraître qu'une invention absurde. De même, la présentation qui est faite dans le *Supplément* du mariage chrétien ne retient que la lettre de l'institution sans s'attacher à l'esprit de cet engagement devant Dieu. Ainsi, lorsque l'aumônier énumère les exemples de mauvaise réputation (la « fille déshonorée », la « femme infidèle », le « séducteur », p. 61), cette série de sèches équivalences crée une impression d'absurdité parce qu'on n'y trouve aucun sens. C'est un procédé cher à Voltaire, qui l'emploie aussi dans *L'Ingénu* pour discréditer le baptême chrétien, qu'il réduit à une série de gestes mécaniques et frivoles : « Le baptême fut administré et reçu avec toute la décence, toute la magnificence, tout l'agrément possibles » (chapitre IV).

Quand c'est Orou qui expose sa propre croyance, c'est encore l'aumônier qui se ridiculise à cause de son étonnement naïf ou de son indignation : « Passe pour la fornication. Mais l'inceste ! mais

1. La *Religieuse*, Paris, Le Livre de Poche, n° 2077, p. 107.

l'adultère !», s'écrie-t-il en entendant Orou vanter l'amour libre (p. 73). Cette maladresse et cette naïveté entraînent un comique de caractère, qui finit d'ailleurs par éveiller une certaine sympathie chez le lecteur à l'égard de ce prêtre apparemment de bonne foi.

LA DOMINATION DES JÉSUITES

Les jésuites sont, quant à eux, beaucoup plus malmenés. La périphrase* «cruels Spartiates en jaquette noire» par laquelle *B* les désigne est extrêmement péjorative. Non seulement elle les tourne en dérision en les réduisant caricaturalement à un habit mais elle souligne en outre par comparaison leur cruauté. Il ne s'agit plus alors de caricature mais d'un portrait charge*, qui accumule les griefs contre les missionnaires du Paraguay : superstition, autoritarisme, violence. Comme toute figure de grossissement, la charge exagère pour mieux convaincre. Ainsi, en peu de lignes, les jésuites sont terrassés par la satire*.

Cette présentation des missionnaires jésuites est évidement outrancière. Dans sa *Relation des missions du Paraguay* (traduite en français en 1754), l'Italien Muratori, dont les livres avaient pourtant été combattus à ses débuts par les jésuites, donnait une tout autre image des réductions[1] du Paraguay. Il montrait des populations accédant au progrès grâce à la Compagnie de Jésus et bénéficiant d'une large autonomie. Il décrivait les soins qui étaient prodigués par ses membres aux personnes âgées et aux orphelins.

Alors que l'évocation des jésuites est épisodique dans le *Supplément au Voyage de Bougainville* ou relève de la simple allusion, leur présence est très marquée dans les *Dialogues de M. le baron de Lahontan et d' un sauvage* (→ TEXTE 1, p. 130). Cette différence s'explique en partie par l'Histoire : les missionnaires jésuites étaient nombreux auprès des Hurons du Canada. Le père Lafitau, dont les *Mœurs des sauvages américains* (1724) contribuèrent à une meilleure

1. *Réduction* : communauté d'Indiens dirigée par des jésuites.

connaissance des peuples du Nouveau Monde, en constitue un bon exemple. Lahontan, qui était voyageur lui-même, connaissait bien sans doute le rôle considérable des jésuites en Amérique.

Mais le fait que Diderot passe plus rapidement que son devancier sur les jésuites est aussi révélateur de la divergence de projet qui les sépare. Diderot s'intéresse plus à la morale qu'à la religion dans le *Supplément au Voyage de Bougainville.* On n'y trouve pas ces longs et ardus développement sur l'âme, le salut, la Trinité qui occupent le baron et le sauvage chez Lahontan. Si Diderot se livre à une critique sévère du christianisme, la plupart des griefs qu'il prononce à son encontre sont en fait relatifs à la question des mœurs matrimoniales. C'est surtout le mariage chrétien qui le préoccupe, en raison des interdits sexuels qu'il impose à l'homme et à la femme. L'exemple tahitien est avant tout pour lui un moyen de poser, sinon de régler, le problème de l'amour en société. Ce n'est pas un hasard s'il compose le *Supplément* en parallèle avec *Ceci n'est pas un conte* et *Mme de La Carlière*, qui constituent en quelque sorte le volet européen du dossier sur la morale sexuelle.

10 La critique de la religion

L'ÉVOLUTION DE DIDEROT VERS L'ATHÉISME

S'il fut d'abord tonsuré à l'âge de treize ans pour succéder à son oncle chanoine à Langres, le jeune Diderot perdit rapidement à Paris la foi de ses pères. Sa première œuvre originale, les *Pensées philosophiques*, parues en 1736, était fortement imprégnée de déisme*, ce qui lui valut d'être condamnée au feu par le Parlement. L'auteur en effet se contentait d'affirmer l'existence de Dieu, dont il voyait des preuves dans les merveilles de la nature, sans aucune référence à la Révélation biblique. Mais c'est surtout la *Lettre sur les aveugles* qui marque, en 1749, sa rupture avec la religion : on y voyait un pasteur, Holmes, défendre difficilement le christianisme face à un mourant atteint de cécité, nommé Saunderson. Quelle valeur pouvait avoir pour un aveugle la preuve fondée sur le spectacle de la nature ? N'était-il pas lui-même en outre la preuve vivante de l'existence de «ratés» dans la belle ordonnance de l'univers ? De là à se représenter le monde comme le résultat d'un arrangement des atomes en mouvement, il n'y a qu'un pas que le philosophe franchit, au moins par la pensée.

Cette œuvre matérialiste* – c'est-à-dire qui ne reconnaissait que la matière dans l'univers – provoqua aussitôt l'emprisonnement de son auteur au donjon de Vincennes. Mais cela n'empêcha pas Diderot de réaffirmer plus tard son athéisme de manière encore plus marquée dans *Le Rêve de d'Alembert* (1769), qui s'efforçait d'asseoir le matérialisme* sur des bases scientifiques. Au cours d'un entretien fictif, il démontrait à d'Alembert comment l'on peut faire de la chair avec la pierre : tout simplement en pulvérisant un bloc de marbre, puis en passant de l'humus ainsi obtenu à la plante, qui s'en nourrit et finit par devenir de la chair humaine après consommation par l'homme. Dans ce système, l'idée de Dieu devenait complètement inutile pour expliquer le passage de l'être sentant à l'être pensant.

Toute la difficulté pour le philosophe va dès lors consister à démontrer qu'on peut être incroyant sans pour autant être immoral, autrement dit qu'on ne devient pas voleur ou criminel parce qu'on n'a plus à redouter de châtiments après la vie. Il tente ainsi de jeter les fondements d'une morale laïque, qu'il va chercher dans la nature, comme on peut le voir dans le *Supplément au Voyage de Bougainville*.

L'ANTICHRISTIANISME DANS LE *SUPPLÉMENT*

On retrouve dans le *Supplément au Voyage de Bougainville*, énoncées par la bouche naïve du Tahitien Orou, les objections majeures de Diderot contre le christianisme. L'auteur ne se contente pas, en effet, d'une satire* anticléricale ; il manifeste aussi très clairement dans l'œuvre son antichristianisme. Et dans ce domaine, plus qu'à des railleries, nous avons affaire à une véritable réfutation, dont il est possible de résumer les points principaux.

C'est d'abord le caractère incompréhensible et contradictoire de l'idée de Dieu et des attributs divins qui heurte le philosophe. Comment concevoir un être qui crée sans organes à sa disposition, qui est partout et qu'on ne voit pas, qui aime ses enfants et qui reste pourtant indifférent à leur sort, qui crée les deux sexes pour ensuite déclarer que leur union est mauvaise, qui est tout-puissant mais n'agit pas pour empêcher le mal ? C'est ce qui tracasse le Tahitien Orou (p. 57).

On trouvait déjà le même type d'objections en 1769 au début du *Rêve de d'Alembert* :

> J'avoue qu'un être qui existe quelque part et qui ne correspond à aucun point de l'espace ; un être qui est inétendue et qui occupe de l'étendue ; qui est tout entier sous chaque partie de cette étendue ;

qui diffère essentiellement de la matière et qui lui est uni ; qui la suit et qui la meut sans se mouvoir ; qui agit sur elle et qui en subit toutes les vicissitudes ; un être dont je n'ai pas la moindre idée ; un être d'une nature aussi contradictoire est difficile à admettre.

C'est ensuite le caractère antinaturel des préceptes relatifs à l'union de l'homme et de la femme qui dérange Diderot. Comme ces commandements et interdictions lui paraissent impraticables, il estime qu'ils entraînent le mal au lieu de pousser l'homme au bien car celui-ci est inévitablement conduit à ruser pour masquer ses infractions. Tel est le raisonnement que tient Orou dans son dialogue avec l'aumônier :

> Tu multiplieras les malfaiteurs et les malheureux par la crainte, par le châtiment et par les remords ; tu dépraveras les consciences ; tu corrompras les esprits : ils ne sauront plus ce qu'ils ont à faire ou à éviter ; troublés dans l'état d'innocence, tranquilles dans le forfait, ils auront perdu de vue l'étoile polaire de leur chemin (p. 60).

De même, l'arbitraire* des notions de bien et de mal aboutit nécessairement, selon Diderot, à la dissimulation et aux mauvais sentiments. C'est à Orou cette fois qu'il prête sa voix pour en prédire les terribles conséquences :

> [...] aussitôt qu'on s'est permis de disposer à son gré des idées de justice et de propriété, d'ôter ou de donner un caractère arbitraire aux choses, d'unir aux actions ou d'en séparer le bien et le mal, sans consulter que le caprice, on se blâme, on s'accuse, on se suspecte, on se tyrannise, on est envieux, on est jaloux, on se trompe, on s'afflige, on se cache, on dissimule, on s'épie, on se surprend, on se querelle, on ment ; les filles en imposent à leurs parents, les maris à leurs femmes, les femmes à leurs maris ; des filles, oui, je n'en doute pas, des filles étoufferont leurs enfants, des pères soupçonneux mépriseront et négligeront les leurs, des mères s'en sépareront et les abandonneront à la merci du sort, et le crime et la débauche se montreront sous toutes sortes de formes (p. 61).

Diderot, enfin, accuse les préceptes chrétiens d'empêcher la reproduction de l'espèce à cause du célibat des prêtres et des entraves qu'ils mettent à l'union entre les sexes. Cette question préoccupait beaucoup les philosophes du XVIIIe siècle, qui croyaient la France en voie de dépeuplement. On la trouve longuement développée, par exemple, dans l'article « Célibat » de l'*Encyclopédie*.

11 Nature et société

AMBIGUÏTÉ DU TERME NATURE

La nature est un terme répandu dans la littérature du XVIIIe siècle mais il est plus facile de le définir par ce qu'il n'est pas que par ce qu'il est, car il recouvre des acceptions assez vagues. Nous ne savons rien de la nature dans le *Supplément au Voyage de Bougainville* sinon qu'il s'agit d'une idée «gravée au fond de nos cœurs» (p. 83). En fait, c'est une notion qui est utile à l'auteur pour exprimer certains rejets de la tradition. Elle apparaît comme le contraire du surnaturel, comme on le voit dans la première section du *Supplément au Voyage de Bougainville*, quand *B* déplore la pérennisation des «institutions surnaturelles et divines» en «lois civiles et nationales» (p. 30).

La nature s'oppose aussi, dans le *Supplément*, à la contrainte. Aller contre «l'attrait [...] puissant» de la nature (p. 90), contre «l'empire de la nature» (p. 90) ou contre «l'impulsion naturelle» (p. 89), c'est risquer de provoquer tout à la fois des troubles physiologiques, des crimes moraux et des désordres sociaux.

Suivre la nature, c'est encore refuser l'arbitraire* au nom de la nécessité. Pour Diderot, tout ce qui est ajouté à la nature est mauvais : «Tu es en délire, dit Orou, si tu crois qu'il y ait rien, soit en haut, soit en bas, dans l'univers qui puisse ajouter ou retrancher aux lois de la nature» (p. 60). Il n'appartient à quiconque, pas même aux magistrats et aux prêtres, de décider du bien et du mal. C'est ce que démontre Orou à l'aumônier : «Peuvent-ils faire que ce qui est juste soit injuste et que ce qui est injuste soit juste ? Dépend-il d'eux d'attacher le bien à des actions nuisibles, et le mal à des actions innocentes ou utiles ?» (p. 59).

Privilégier la nature, enfin, c'est rejeter la corruption. L'état de nature, qui est celui des Tahitiens, est un état d'innocence où les mœurs sont préservées, où il y a tout simplement des «mœurs» (p. 82), d'après l'expression même de Diderot. En introduisant au-dedans de l'homme naturel un homme artificiel, «il s'est élevé dans la caverne, dit *B*, une guerre continuelle qui dure toute la vie» (p. 91).

En somme, accorder sa conduite à la nature revient à rejeter la morale traditionnelle, puisque l'homme artificiel se confond dans l'esprit de Diderot avec l'homme moral : «Tantôt l'homme naturel est le plus fort, tantôt il est terrassé par l'homme moral et artificiel» (p. 91). Cette morale d'inspiration judéo-chrétienne qui attache les idées de bien et de mal à de simples actions physiques comme l'acte sexuel est aux yeux de Diderot antinaturelle.

En bonne logique, on pourrait en conclure que le naturel se confond avec le bon et la nature avec le bien et qu'il suffit d'écouter «la voix de la nature» (p. 62) pour bien se comporter. C'est au nom de la nature qu'Orou condamne sans appel la société représentée par l'aumônier (p. 62). Mais ce n'est pas si simple car, selon Diderot, «vices et vertus, tout est également dans la nature» (p. 87). Comment pourrait-on par conséquent se fonder sur le critère de nature pour régler sa conduite ? D'autre part, si l'on examine la description que *B* fait de «la guerre dans la caverne» entre l'homme naturel et l'homme artificiel, il paraît sous-entendu que la nature conduit inexorablement l'homme de son état de pureté originelle à la corruption : «Assez d'incidents imprévus le conduiront à la lumière et à la dépravation» (p. 92-93).

Ce n'est pas la seule contradiction impliquée par ce terme fourre-tout qu'est la nature pour les philosophes du XVIIIe siècle. L'aumônier pourrait, au fond, répondre à son tour au Tahitien, qui s'est employé à relever les contradictions du Dieu chrétien : qu'est-ce que cette nature qui réclame ses droits contre les obligations morales mais qui, à son tour, exerce son empire sur l'homme, qui se dresse contre l'arbitraire* des lois mais décide elle-même à la place des individus ?

LA NATURE COMME FONDEMENT DE LA SOCIÉTÉ

Diderot conçoit la société comme une machine, c'est-à-dire un rassemblement de ressorts isolés. Un individu supérieur les a réunis pour éviter qu'ils ne se brisent en s'entrechoquant. Mais il a abouti au résultat contraire : la « législation » provoqua en un jour, explique *B*, plus de ruptures des ressorts que « l'anarchie de nature » en un an. Et surtout la destruction des petits ressorts atteignit son comble lorsque plusieurs de ces énormes machines vinrent à se heurter entre elles (p. 93-94).

Par conséquent, à tout prendre, comme le fait remarquer *A*, l'état de nature semble préférable à celui de l'homme civilisé. En civilisant le sauvage, on ne cherche, en fait, qu'à le « dénaturer » (p. 91). Mais on aura beau accumuler les préceptes et multiplier les châtiments pour punir ceux qui les enfreignent, la nature sera la plus forte. Elle finira nécessairement, prophétise *B*, par reprendre ses droits :

> L'empire de la nature ne peut être détruit ; on aura beau le contrarier par des obstacles, il durera. Écrivez tant qu'il vous plaira sur les tables d'airain, pour me servir de l'expression du sage Marc-Aurèle, que le frottement voluptueux de deux intestins est un crime, le cœur de l'homme sera froissé entre la menace de votre inscription et la violence de ses penchants ; mais ce cœur indocile ne cessera de réclamer, et cent fois dans le cours de la vie, vos caractères effrayants disparaîtront à nos yeux (p. 90-91).

L'idéal serait donc, pense Diderot, d'arrêter le mouvement qui conduit toute société à son inévitable mûrissement. Il existe un état heureux pour l'homme où il se contente d'assouvir ses besoins immédiats. En lui inculquant des besoins superflus, on provoque chez lui le trouble, on porte atteinte à son repos. C'est ce que le vieillard tahitien tente d'expliquer à Bougainville : « Si tu nous persuades de franchir l'étroite limite du besoin, quand finirons-nous de travailler, quand jouirons-nous ? » (p. 43) Et surtout on corrompt l'homme naturel en le faisant évoluer, d'où le vœu pressant formé par *B* à l'issue du dialogue : « Puisse l'heureux Otaïtien s'arrêter où il en est ! Je vois, qu'excepté dans ce recoin écarté de notre globe, il n'y a point eu de mœurs, et qu'il n'y en aura peut-être jamais nulle part» (p. 82). Heureusement, comme le reconnaît le bon aumônier lui-même, le peuple tahitien est un «peuple assez sage pour s'être arrêté de lui-même à la médiocrité[1] » (p. 81).

Les vues de Diderot sur la société, éparses dans le *Supplément au Voyage de Bougainville*, sont reprises de manière structurée dans la dernière section de l'œuvre par *B*, qui résume la pensée d'Orou sur les causes de la dépravation du plus doux des plaisirs :

> C'est par la tyrannie de l'homme qui a converti la possession de la femme en une propriété.
> Par les mœurs et les usages qui ont surchargé de conditions l'union conjugale.
> Par les lois civiles qui ont assujetti le mariage à une infinité de formalités.
> Par la nature de notre société où la diversité des fortunes et des rangs a institué des convenances et des disconvenances.
> Par une contradiction bizarre et commune à toutes les sociétés subsistantes où la naissance d'un enfant toujours regardée comme un accroissement de richesse pour la nation est plus souvent et plus sûrement encore un accroissement d'indigence dans la famille.
> Par les vues politiques des souverains qui ont tout rapporté à leur intérêt et à leur sécurité.
> Par les institutions religieuses qui ont attaché les noms de vices et de vertus à des actions qui n'étaient susceptibles d'aucune moralité (p. 90).

Ce texte prend l'allure d'une profession de foi en faveur de l'amour libre. Il se présente comme une série d'assertions anaphoriques qui accusent successivement le sexe masculin, les préceptes moraux, les lois civiles, les préjugés sociaux, la misère, les vues politiques des souverains et les institutions religieuses d'être la cause de la perversion de l'acte d'amour. Une telle énumération semble l'antithèse parodique des dix commandements judéo-chrétiens, d'autant plus qu'elle est suivie d'une allusion assez claire aux tables de la loi rapportées par Moïse du mont Sinaï :

---

1. *Médiocrité* : au sens de stade moyen.

> Gravez sur le marbre : Tu ne mangeras ni de l'ixion ni du griffon ; tu ne connaîtras que ta femme, tu ne seras point le mari de ta sœur… mais vous n'oublierez pas d'accroître les châtiments à proportion de la bizarrerie de vos défenses ; vous deviendrez féroces, et vous ne réussirez point à me dénaturer (p. 91).

On ne saurait dire plus clairement que les préceptes venus d'un maître suprême n'ont aucun poids sur l'homme face à la force irrépressible de la nature, pas plus d'ailleurs que ne peuvent en avoir sur lui les sanctions.

En fin de compte, seules les règles s'appuyant sur le critère d'utilité, que celle-ci soit individuelle ou collective, semblent valables pour permettre à une société de subsister dans l'ordre et la morale : « Attache-toi à la nature des choses et des actions, à tes rapports avec ton semblable, à l'influence de ta conduite sur ton utilité particulière et le bien général », dit bien Orou (p. 60). Ces concepts fondamentaux seront rappelés plus loin à l'aumônier par le Tahitien pour juger des mœurs de leurs deux pays autrement que l'un par l'autre : « Il nous faut une règle plus sûre ; et quelle sera cette règle ? En connais-tu une autre que le bien général et l'utilité particulière ? » (p. 74). C'est en fin de compte l'utilitarisme social, cher aux Lumières, qui a le dernier mot.

12 La morale sexuelle

Dans sa critique des sociétés européennes, Diderot met particulièrement l'accent sur la morale, notamment celle qui concerne l'union entre les sexes. La pudeur, la chasteté, la fidélité sont autant de vertus présentées comme antinaturelles et chimériques dans le *Supplément au Voyage de Bougainville*. Aux convenances et aux règles qui régissent la vie amoureuse en Europe, Diderot oppose la liberté de mœurs des Tahitiens. Comme il l'exprime clairement par le sous-titre de son œuvre, il n'y a aucune raison « d'attacher des idées morales à certaines actions physiques qui n'en comportent pas ». C'est non seulement parfaitement arbitraire* mais aussi fortement nuisible pour l'homme et pour la société.

CONSÉQUENCES NÉFASTES DES CONTRAINTES SEXUELLES

C'est d'abord une source de dissimulation et de perversité. Le vieillard reproche ainsi à l'aumônier amené par Bougainville d'avoir perturbé les jeunes Tahitiens avec ses préjugés :

> Cet homme noir qui est près de toi, qui m'écoute, a parlé à nos garçons ; je ne sais ce qu'il a dit à nos filles, mais nos garçons hésitent, mais nos filles rougissent. Enfonce-toi, si tu veux, dans la forêt obscure avec la compagne perverse de tes plaisirs, mais accorde aux bons et simples Otaïtiens de se reproduire sans honte, à la face du ciel et au grand jour (p. 45).

C'est ensuite une cause de malheur, comme l'imagine Orou en un superbe condensé :

> [...] la société dont votre chef nous vante le bel ordre, ne sera qu'un ramas ou d'hypocrites qui foulent secrètement aux pieds les lois ou

d'infortunés, qui sont eux-mêmes les instruments de leur supplice en s'y soumettant ; ou d'imbéciles en qui le préjugé a tout à fait étouffé la voix de la nature ; ou d'êtres mal organisés en qui la nature ne réclame pas ses droits (p. 62).

CAUSES DE LA RÉPRESSION SEXUELLE

Les coupables sont clairement désignés dans le *Supplément*. C'est d'abord l'homme qui, en faisant de la femme sa propriété, a introduit la gêne dans les rapports amoureux. Cette idée est fortement exprimée par *B* dans la dernière section :

> Aussitôt que la femme devint la propriété de l'homme et que la jouissance furtive d'une fille fut regardée comme un vol, on vit naître les termes pudeur, retenue, bienséance, des vertus et des vices imaginaires, en un mot entre les deux sexes des barrières qui empêchassent de s'inviter réciproquement à la violation des lois qu'on leur avait imposées, et qui produisirent souvent un effet contraire en échauffant l'imagination et en irritant les désirs (p. 88).

Ce sont également les coutumes, les lois, les convenances, les intérêts des hommes politiques, les institutions religieuses qui ont perverti l'union entre les sexes (p. 90). Et surtout de manière absurde, contradictoire, il n'a pas été assez tenu compte en Europe de l'accroissement de richesse pour la nation que représente la naissance d'un enfant. Si, comme les Tahitiens, les Européens avaient placé l'augmentation de la population au premier rang de leurs préoccupations, ils n'en seraient pas venus à ce « monstrueux tissu d'extravagances » que l'aumônier expose à Orou (p. 61).

Mais *A* ne se laisse pas convaincre si facilement. Si la nature est l'aune au moyen de laquelle il convient de mesurer toutes les pratiques relatives à l'union d'un homme et d'une femme, il demande que l'on interroge la nature pour juger de la validité des mœurs d'une nation. Ainsi les différentes attitudes des Européens dans le domaine amoureux sont passées en revue par *A* pour vérifier si elles sont conformes à la nature. Mais une difficulté surgit : pour B, « vices et vertus, tout est également dans la nature » (p. 87). C'est donc à partir d'autres critères qu'il va condamner le comportement sexuel des

Européens : le mariage est à redéfinir, la coquetterie est un mensonge et la jalousie une passion injuste. Quant à la fidélité, elle n'est rien d'autre, selon *B*, qu'une obstination aveugle allant à l'encontre de « la loi générale des êtres » telle que Orou l'a énoncée à l'aumônier :

> [...] rien en effet te paraît-il plus insensé qu'un précepte qui proscrit le changement qui est en nous, qui commande une constance qui n'y peut être, et qui viole la nature et la liberté du mâle et de la femelle en les enchaînant pour jamais l'un à l'autre ; qu'une fidélité qui borne la plus capricieuse des jouissances à un même individu ; qu'un serment d'immutabilité de deux êtres de chair, à la face d'un ciel qui n'est pas un instant le même, sous des antres qui menacent ruine, au bas d'une roche qui tombe en poudre, au pied d'un arbre qui se gerce, sur une pierre qui s'ébranle ? (p. 58).

Diderot exprime là dans un langage poétique, par une série d'antithèses saisissantes, une idée à laquelle il tient. On la trouve exprimée dans des termes assez semblables dans *Jacques le fataliste* :

> Le premier serment que se firent deux êtres de chair, ce fut au pied d'un rocher qui tombait en poussière ; ils attestèrent de leur constance un ciel qui n'est pas un instant le même ; tout passait en eux et autour d'eux, et ils croyaient leurs cœurs affranchis de vicissitudes. Ô enfants ! toujours enfants[1] !

On ne saurait par conséquent reprocher à l'homme ou à la femme de ne pas respecter des serments de fidélité que tout dans la nature les engage à enfreindre. Ainsi l'infidèle Desroches, que Mme de La Carlière punit si durement, n'a pas d'autre tort aux yeux de Diderot que d'avoir prononcé des vœux impossibles à tenir.

SOLUTIONS ENVISAGEABLES

Faut-il alors imiter les Tahitiens, qui ne connaissent pas toutes ces vertus chimériques ? Non, répond Orou : « [...] tu n'accuseras pas les mœurs d'Europe par celles de Otaïti, ni par conséquent les mœurs de Otaïti par celles de ton pays » (p. 73-74). L'alignement des Européens sur les Tahitiens est d'autant moins souhaitable que les

1. *Jacques le fataliste*, Paris, Le Livre de poche, n° 403, p. 166.

mœurs tahitiennes ne sont pas – Diderot en a conscience – exemptes de défauts. L'aumônier, dans sa maladresse, met tout de même le doigt sur quelques anomalies qui entachent l'utopie tahitienne. Par exemple, le libertinage existe bel et bien à Tahiti comme à Paris : il concerne les femmes qui ont des rapports avec les hommes alors qu'elles sont incapables de procréer (p. 73). Il existe donc des interdits dans la société tahitienne et on ne voit pas pourquoi *a priori* leurs conséquences sur l'individu et la société ne seraient pas aussi néfastes que celles des interdits chrétiens. Et le lecteur du XXIe siècle ne peut s'empêcher de penser, en lisant le *Supplément*, que ces Tahitiens qui chantent tellement la liberté considèrent leurs filles et même leurs femmes comme un bien dont on peut disposer à son gré pour l'offrir à un nouvel arrivant. On trouve un indice de cet abus infligé à la femme dans le discours acerbe du vieillard qui la nomme « tendre victime du devoir hospitalier » (p. 46).

13 L'histoire de Polly Baker

Avant d'étudier les caractéristiques et la signification de cet épisode, il importe d'en préciser d'abord les conditions d'énonciation. D'une part, il s'agit d'une addition tardive[1], ce qui donne à penser que l'auteur a ajouté ce texte après coup pour renforcer l'argumentation préexistante. D'autre part, l'histoire de Miss Polly Baker fait partie de ces histoires qui, dans l'œuvre de Diderot, viennent se greffer sur un noyau central et qui s'emboîtent comme des poupées gigognes. Le récit cadre du dialogue de *A* et de *B* inclut le récit encadré de l'histoire de Polly Baker.

Ces données influent évidemment sur la portée du texte. Il nous faudra à la fois le concevoir comme un récit à part entière et comme un épisode qui ne prend tout son sens que par son insertion dans l'ensemble de l'œuvre.

L'ART DU CONTEUR

Plus encore qu'un romancier, Diderot est un conteur. Son œuvre comporte un assez grand nombre de contes et d'entretiens, qui se caractérisent tous par une grande vivacité. Diderot n'oublie jamais quand il rédige un conte l'oralité qui lui est inhérente. Il en prévient fermement le lecteur au début de *Ceci n'est pas un conte* :

> Lorsqu'on fait un conte, c'est à quelqu'un qui l'écoute ; et pour peu que le conte dure, il est rare que le conteur ne soit interrompu quelquefois par son auditeur. Voilà pourquoi j'ai introduit dans ce récit

1. Les détails en sont donnés par H. Dieckmann dans l'édition Droz du *Supplément au Voyage de Bougainville*, p. XXV-XXVI.

> qu'on va lire, et qui n'est pas un conte ou qui est un mauvais conte, si vous vous en doutez, un personnage qui fasse à peu près le rôle du lecteur, et je commence.

Un conte, pour Diderot, se caractérise aussi par sa visée morale, ainsi qu'il ressort de la genèse* de l'œuvre. Le *Supplément au Voyage de Bougainville* a été rédigé en même temps que deux autres contes intitulés *Madame de La Carlière* et *Ceci n'est pas un conte*. Une lettre de l'auteur à son ami Grimm, datée du 2 octobre 1772, nous apprend comment il les a conçus conjointement :

> Je rentrai. Je me mis en robe de chambre ; et je regrattai un peu le troisième conte, qui était fait. Ainsi le papier sur Bougainville est venu tout à temps. Si je savais où vous prendre dans le courant de la journée, vous auriez la lecture de ce troisième morceau qui vous ferait plaisir, parce qu'il m'en fait. Il est à lui seul plus étendu que les deux autres.

Ces trois œuvres forment en effet un triptyque qui tourne autour d'un thème commun : celui des amours naturelles et de leur contraire, les amours frelatées. Les personnages de *Ceci n'est pas un conte* (Tanié et Reymer, Gardeil et Mlle de La Chaux) et de *Mme de La Carlière* (Desroches et Mme de La Carlière) réapparaissent d'ailleurs à la fin du *Supplément* comme exemples de dépravation et de malheur. Inversement, il semble qu'il y ait un effet d'annonce à la fin de *Mme de La Carlière* à propos du *Supplément au Voyage de Bougainville* :

> Et puis j'ai mes idées, peut-être justes, à coup sûr bizarres, sur certaines actions que je regarde moins comme des vices de l'homme que comme des conséquences de nos législations absurdes, sources de mœurs aussi absurdes qu'elles, et d'une dépravation que j'appellerais volontiers artificielle. Cela n'est pas trop clair, mais cela s'éclaircira peut-être une autre fois.

Enfin Diderot conteur cherche à produire l'illusion du réel, comme il s'en explique dans la postface qui clôt les *Deux amis de Bourbonne*. À la différence de l'auteur d'un conte merveilleux qui embellit la nature et de celui d'un conte plaisant qui donne dans la fantaisie, le conteur historique, selon Diderot, vise la vérité :

> Comment s'y prendra donc ce conteur-ci pour vous tromper ? Le voici[1]. Il parsèmera son récit de petites circonstances si liées à la chose, de traits si simples, si naturels et toutefois si difficiles à imaginer, que vous serez forcé de vous dire en vous-même : Ma foi, cela est vrai ; on n'invente pas ces choses-là.

Ce détail qui fait vrai pourra être une verrue à la tempe ou une cicatrice à la lèvre qui serviront à authentifier le reste du récit. À cette condition, conclut Diderot, le conteur sera en même temps historien et poète, véridique et menteur.

On retrouve ces trois caractéristiques (vivacité, moralité, crédibilité) dans l'histoire de Miss Polly Baker, que du reste *A* assimile spontanément à un conte : « Et ce n'est pas là un conte de votre invention ? » (p. 69). La vivacité y est produite d'abord par la rapidité avec laquelle le conteur entre dans le vif du sujet, à savoir le discours émouvant de Miss Baker. Avec une grande économie de moyens, il commence par présenter en quelques lignes la situation : le lieu, les circonstances, la condition de la jeune femme et les termes de la loi relative à sa situation, autrement dit les peines qu'elle encourt pour mauvaise conduite. Le conteur campe ensuite en quelques mots l'entrée en scène de l'accusée, en ne retenant que la détermination de cette femme, se dressant seule face une imposante assemblée de juges. Pareil déséquilibre parle d'emblée à la sensibilité du lecteur. Après le discours de la dame, les faits s'accélèrent et les détails du dénouement sont réduits à l'essentiel : l'acquittement de l'accusée, le repentir et la réparation de son séducteur.

C'est la phrase de conclusion qui va livrer, en un superbe raccourci, la morale de l'histoire. Par un contraste saisissant entre le passé honteux de cette fille et le présent honorable qui est désormais le sien, elle souligne la minceur de la frontière qui sépare une honnête femme d'une fille publique. La différence ne tient qu'à l'arbitraire* des conventions sociales. Cet heureux dénouement rétablit l'ordre des valeurs naturelles que la dépravation du libertin avait troublé. Pour une fois, semble triompher dans une société chrétienne occidentale la loi de Tahiti.

---

1. *Comprendre* : voici comment il s'y prendra.

Quant à la crédibilité de l'histoire, elle est assurée au début par la précision des indications de nom (« Miss Polly Baker »), de temps (« pour la cinquième fois ») et de lieu (« Connecticut, près de Boston »), mais surtout à la fin par la discussion qui suit la narration. La question de *A* permet à *B* d'écarter le soupçon d'« invention » et la référence à l'*Histoire du commerce des deux Indes* de l'abbé Raynal apporte sa caution à l'histoire de Polly Baker : elle n'a pas été inventée, puisqu'il s'agit d'un « fait » rapporté dans un ouvrage historique[1].

UN TEXTE ORATOIRE

Le discours de Polly Baker est très éloquent. Il répond aux règles classiques de l'art oratoire. Au plan sémantique (choix des mots), l'accusée utilise pour sa défense un vocabulaire frappant. Les adjectifs, par exemple, sont forts ; ils sont d'autant plus frappants qu'ils sont souvent groupés par deux, comme « fille malheureuse et pauvre » (qui est une quasi-redondance*), « punition publique et honteuse », « à la fois injuste en elle-même et trop sévère envers moi ». On relève aussi plusieurs groupements binaires parmi les noms (« la séduction et l'opprobre ») et les verbes (« qui les repousse et les méprise »), ce qui redouble leur effet. On note enfin les oppositions de mots dont le heurt souligne nettement la différence entre le bien et le mal : « honorable » et « honteuse », « grand crime » et « beaux enfants ».

Au plan syntaxique (construction des phrases), on observe de nombreuses phrases courtes ou composées d'une série de notations brèves, entrecoupées de virgules ou de points-virgules. L'asyndète* confère alors à la phrase un rythme rapide : « Je consentis à la première et seule proposition qui m'en ait été faite, j'étais vierge encore ; j'eus la simplicité de confier mon honneur à un homme qui n'en avait point, il me fit mon premier enfant et m'abandonna »

1. En fait, cet épisode présenté comme une histoire vraie provenait d'une mystification montée par Franklin.

(p. 68). Ce type de construction permet de maintenir en éveil l'attention de celui qui écoute. De même, la répétition anaphorique* de formules importantes (« deux fois »), ainsi que l'usage fréquent des présentatifs (« voici », « voilà », « ce sont eux qui »), met en relief les idées importantes. Mais l'oratrice emploie aussi des phrases périodiques, distribuées en plusieurs temps comme les phrases latines. C'est le cas pour son avant-dernière phrase, solidement charpentée par de nombreuses conjonctions de subordination :

> Si vous faites des lois qui changent la nature des actions et en font des crimes, faites-en contre les célibataires dont le nombre augmente tous les jours, qui portent la séduction et l'opprobre dans les familles, qui trompent les jeunes filles comme je l'ai été, et qui les forcent à vivre dans l'état honteux dans lequel je vis au milieu d'une société qui les repousse et les méprise (p. 69).

Le déroulement régulier de cette prose met l'accent sur certains temps forts de la plaidoirie comme l'imploration « faites-en contre les célibataires » qui est l'idée essentielle à retenir au sujet des lois, ou les verbes « portent », « trompent », « forcent » qui prononcent la condamnation de ces mêmes célibataires, ou encore l'évocation de cette « société qui les repousse et les méprise » qui constitue la chute appelant à la réhabilitation les femmes séduites. Il convient de relever aussi les nombreuses questions rhétoriques par lesquelles Polly Baker interpelle l'assemblée pour qu'elle se sente concernée par sa mésaventure : « Mais est-ce ma faute ? », « vous m'avez déjà exclue de la communion de l'Église, cela ne vous suffit-il pas ? ».

Au plan morphologique (forme des mots), les marques du discours oratoire sont moins flagrantes. Elles consistent principalement dans l'emploi des impératifs (« permettez-moi », « laissez-lui », « faites-en ») qui ciblent précisément l'objectif du discours. On remarque aussi l'usage de termes appartenant au langage du droit : « conforme à la loi », « on les abroge », « puissance législatrice », « procédés coupables », « droits de mariage », « animadversion des lois ». Autant de termes qui révèlent une étonnante connaissance du domaine juridique chez cette femme peu instruite, mais qui contribuent au succès du discours. L'accusée fait également preuve d'une certaine habileté psychologique : elle ne ménage pas les formules qui peuvent lui attirer la sympathie du jury comme « je ne me flatte pas », « je ne le conteste pas ». Elle est capable aussi de devancer les objections des juges et d'y répondre par avance : « On me répondra que j'ai transgressé les préceptes de la religion », ou encore de renverser l'argumentation de son adversaire : « Est-ce un crime d'augmenter les sujets de Sa Majesté dans une nouvelle contrée qui manque d'habitants ? »

Évidemment, une telle maîtrise de la parole est peu vraisemblable de la part d'une fille de condition modeste comme Miss Polly Baker, mais visiblement la vraisemblance importe moins ici à l'auteur que la cause qu'il soutient. On reconnaît d'ailleurs dans la bouche de ce personnage des idées sur la société que Diderot défend ailleurs dans le *Supplément*.

UN HYMNE À LA FÉCONDITÉ

On retrouve d'abord dans le texte la réflexion sur les mauvaises lois et la possibilité de les abroger ou de ne pas les appliquer : « Cela peut être conforme à la loi, je ne le conteste point ; mais il y a quelquefois des lois injustes, et on les abroge, il y en a aussi de trop sévères, et la puissance législatrice peut dispenser de leur exécution » (p. 67). Ce passage ne contredit nullement la conclusion de l'œuvre. Certes *B* prêche à la fin la soumission du particulier aux lois, fussent-elles mauvaises, mais il n'exclut pas que les instances législatives les réforment.

On relève ensuite dans le discours de Polly Baker la remise en cause de la morale sexuelle qui court à travers tout le *Supplément au Voyage de Bougainville*. Causer du tort à ses semblables, par exemple en commettant l'adultère ou en corrompant la jeunesse, est donné implicitement ici comme la seule cause légitime de condamnation : « Je n'ai enlevé aucun mari à sa femme, ni débauché aucun jeune homme ; jamais on ne m'a accusée de ces procédés coupables, et si quelqu'un se plaint de moi, ce ne peut être que le ministre à qui je n'ai point payé de droits de mariage » (p. 68).

Et surtout la plaidoirie de Polly Baker est le reflet très net des idées de Diderot sur la procréation. Mettre « cinq beaux enfants au monde » et par là « augmenter les sujets de Sa Majesté » constitue un argument de choc dans la démonstration de la suppliante. Celle-ci se targue d'ailleurs plus bas de sa « fécondité ».

D'autres idées de Diderot apparaissent encore dans le texte, telles que le rejet d'une conception trop rigoriste de l'enfer, le souci de « la tranquillité publique » troublée par les séducteurs ou le thème majeur du *Supplément*, à savoir l'arbitraire* des lois, ces « lois qui changent la nature des actions et en font des crimes » (p. 69). À lire Miss Baker, on croirait entendre Orou s'offusquant du pouvoir abusif accordé aux représentants de la loi et de la religion :

> Je ne sais quels sont ces personnages que tu appelles magistrats et prêtres, dont l'autorité règle votre conduite ; mais, dis-moi, sont-ils maîtres du bien et du mal ? Peuvent-ils faire que ce qui est juste soit injuste et que ce qui est injuste soit juste ? Dépend-il d'eux d'attacher le bien à des actions nuisibles et le mal à des actions innocentes et utiles ? (p. 59).

Ainsi l'histoire de Polly Baker trouve parfaitement sa place dans le *Supplément au Voyage de Bougainville*, même s'il s'agit d'une addition tardive et maladroitement intégrée par une demande inattendue de *A* (« j'ai une prière à vous faire »). Toutefois les idées défendues ici ne sont pas exactement identiques à celles que l'on trouve dans le reste du *Supplément*. Polly Baker ne méconnaît pas comme les Tahitiens le péché d'adultère ou de débauche des jeunes gens. Elle ne conteste pas non plus comme Orou la validité de la religion : certaines croyances chrétiennes comme celles qui portent sur l'enfer et sur l'âme sont implicitement respectées dans son discours, de même que la pratique de l'excommunication :

> [...] si mon offense est contre Dieu, laissez-lui le soin de m'en punir ; vous m'avez déjà exclue de la communion de l'Église, cela ne suffit-il pas ? Pourquoi au supplice de l'enfer que vous croyez m'attendre dans l'autre monde ajoutez-vous dans celui-ci les amendes et le fouet ? Pardonnez, Messieurs, ces réflexions ; je ne suis point un théologien, mais j'ai peine à croire que ce me soit un grand crime d'avoir donné le jour à de beaux enfants que Dieu a doués d'âmes immortelles et qui l'adorent (p. 68-69).

L'accusée n'entre pas en révolte contre les droits de l'Église à sévir, elle demande seulement la révision des critères qui président à sa condamnation. Ainsi elle ne remet pas en question l'enfer mais la certitude qu'ont ses censeurs qu'elle va y brûler, comme l'indique l'emploi du modalisateur[1] « vous croyez ». Elle ne rejette pas l'immortalité de l'âme, elle réclame simplement plus de conséquence dans l'attitude de ses juges chrétiens, qui devraient se féliciter de la trouver chez ses enfants. Ce qu'elle demande, au fond, c'est la séparation du pouvoir civil et du pouvoir ecclésiastique.

Ces divergences avec les idées de l'auteur pourraient s'expliquer par le fait que l'histoire de Polly Baker provient du livre de Raynal mais, comme a pu l'établir la critique contemporaine, il s'agissait en fait d'un passage que Diderot avait rédigé lui-même pour l'*Histoire du commerce des deux Indes*. En l'empruntant pour le réintroduire dans le *Supplément au Voyage de Bougainville*, il ne faisait donc que reprendre son bien.

Si donc l'argumentation de Polly Baker diffère quelque peu de celle de Diderot, c'est sans doute parce qu'ici Diderot réagit autant en conteur qu'en philosophe. Soucieux de donner une cohérence à son personnage, il se garde bien de la faire parler exactement comme un philosophe. Il est beaucoup plus vraisemblable que cette femme sans culture reste fidèle aux dogmes de l'Église et c'est en définitive plus utile à son apologie*.

---

1. La *modalisation* est un procédé par lequel un locuteur traduit sa réserve par rapport à ce qu'il énonce.

14 La réflexion politique

LA DIATRIBE ANTICOLONIALISTE

Le ton virulent du vieillard tahitien, les invectives qu'il lance contre *B*, les malédictions qu'il prononce contre son peuple font de sa harangue une véritable diatribe* (→ LECTURE 2, p. 109).

Aux Européens il reproche d'avoir introduit à Tahiti la notion de propriété, source de conflits sanglants. Il les accuse aussi d'avoir mis fin à leur liberté en les asservissant et d'avoir voulu s'emparer de leur contrée, d'où le nom de «chef des brigands» qu'il assène à Bougainville. Il leur en veut encore d'avoir tenté d'inculquer aux Tahitiens des besoins factices et des vertus chimériques, ainsi que des craintes et des scrupules moraux qui ont perverti leur conduite. Il se plaint enfin qu'ils aient apporté dans l'île des maladies qui ont contaminé les robustes Tahitiens. Pis, il les accuse de meurtre sur la personne d'un des siens qui avait pris sans demander, alors que, dans leur grande hospitalité, les Tahitiens leur offraient tout, cadeaux, nourriture et femmes.

Le problème que pose le vieux Tahitien, au-delà des circonstances historiques qu'il rappelle ici, c'est celui du droit de coloniser[1] : «Qui es-tu donc pour faire des esclaves ?», demande-t-il à Bougainville (p. 41). «Si un Otaïtien débarquait un jour sur vos côtes, et qu'il gravât sur une de vos pierres ou sur l'écorce d'un de vos arbres : *Ce pays est aux habitants de Otaïti*, qu'en penserais-tu ? Tu es le plus fort, – et qu'est-ce que cela fait ?», ajoute-t-il (*ibidem*). La même accusation

1. On trouve la même condamnation de la colonisation dans l'article «Population» du philosophe Damilaville dans l'*Encyclopédie*.

était lancée – non sans partialité – par *B*, dans la première section, à l'égard des jésuites du Paraguay, qui «en usaient avec leurs esclaves indiens comme les Lacédémoniens avec les ilotes, les avaient condamnés à un travail assidu, s'abreuvaient de leurs sueurs, ne leur avaient laissé aucun droit de propriété, les tenaient sous l'abrutissement de la superstition, en exigeaient une vénération profonde, marchaient au milieu d'eux un fouet à la main et en frappaient indistinctement tout âge et tout sexe» (p. 33).

Dans le discours du vieillard sont également abordées les questions théoriques de l'égalité et de la valeur. C'est leur appartenance commune à la nature qui fonde, selon lui, l'égalité entre les hommes : «Celui dont tu veux t'emparer comme de la brute, l'Otaïtien est ton frère ; vous êtes deux enfants de la nature ; quel droit as-tu sur lui qu'il n'ait pas sur toi ?» (p. 42). En revanche, le Tahitien et l'Européen n'ont pas le même sens de la valeur. Celui-ci attache une importance démesurée à des objets qui ne sont que des «bagatelles» aux yeux de celui-là, mais il n'éprouve aucun scrupule à s'emparer d'un pays qui ne lui appartient pas : «Lorsqu'on t'a enlevé une des méprisables bagatelles, dont ton bâtiment est rempli, tu t'es récrié, tu t'es vengé, et dans le même instant tu as projeté au fond de ton cœur le vol de toute une contrée !» (p. 41-42). Fondamentalement, ce que conteste le vieillard tahitien, c'est l'absence de réciprocité entre les deux peuples. La parfaite symétrie que la nature a instaurée entre eux n'est pas respectée par l'Européen, qui s'arroge des droits supérieurs.

APPEL À LA RÉVOLTE ?

Les remèdes susceptibles d'être apportés à cet état de fait ne se trouvent cependant pas énoncés dans l'œuvre. Tout juste sent-on gronder la révolte des indigènes à travers la diatribe* de leur vieux chef. Le maintien de la paix dans l'île, raconte-t-il, n'a tenu qu'à un fil. À la suite du meurtre d'un Tahitien, il aurait suffi de peu pour qu'un soulèvement se produise mais le vieillard a prêché le calme :

> […] crois qu'en un instant, sans moi, vous périssiez tous. Eh ! pourquoi les ai-je apaisés ? pourquoi les ai-je contenus ? pourquoi les contiens-je encore dans ce moment ? je l'ignore, car tu ne mérites aucun sentiment de pitié, car tu as une âme féroce qui ne l'éprouva jamais (p. 46).

Là encore, ce qui domine dans les relations entre les deux peuples est la disparité : du côté des Tahitiens la compassion, du côté des Européens la férocité. On aboutit de la sorte, à travers le discours du vieillard, à l'inversion du rapport d'inférieur à supérieur : ce sont les Européens qui, en traitant leurs pareils comme des bêtes brutes, finissent par s'animaliser et les sauvages qui en viennent à représenter l'humanité supérieure. « Laisse nos mœurs, elles sont plus sages et plus honnêtes que les tiennes », conclut, non sans paradoxe*, le vieux Tahitien (p. 42).

Le *Supplément au Voyage de Bougainville* n'est donc pas, comme a pu l'en accuser l'abbé Bourlet de Vauxcelles au moment de la Révolution française, « une sans-culotterie ». Si Diderot y opère une salutaire révision des valeurs, il ne préconise pas pour autant le renversement de la société (→ LECTURE 4, p. 122). Au moment où il écrit le *Supplément*, il n'en est encore qu'à un stade intermédiaire de l'itinéraire intellectuel qui le conduira à affirmer la nécessité d'une révolte violente, en Europe comme dans les colonies. C'est seulement en 1782 dans l'*Essai sur les règnes de Claude et de Néron*, sa dernière œuvre, qu'à la suite de l'indépendance américaine, il appellera les peuples au soulèvement :

> Après des siècles d'une oppression générale, puisse la révolution qui vient de s'opérer au-delà des mers, en offrant à tous les habitants de l'Europe un asile contre le fanatisme et la tyrannie, instruire ceux qui gouvernent les hommes, sur le légitime usage de leur autorité ! Puissent ces braves Américains, qui ont mieux aimé voir leurs femmes outragées, leurs enfants égorgés, leurs habitations détruites, leurs champs ravagés, leurs villes incendiées, verser leur sang et mourir, que de perdre la plus petite portion de leur liberté, prévenir l'accroissement énorme et l'inégale distribution de la richesse, le luxe, la mollesse, la corruption des mœurs, et pourvoir au maintien de leur liberté et à la durée de leur gouvernement ! (II, 74).

Une phrase de Diderot, tirée de *La Promenade du sceptique* (1747), est restée célèbre : « Imposez-moi silence sur la religion et le gouvernement et je n'ai rien à dire. » Elle confirme l'importance que revêt dans son œuvre la politique, à côté de la religion. Il n'est donc pas étonnant de retrouver l'essentiel de ses idées politiques dans cette œuvre de fiction qu'est le *Supplément au Voyage de Bougainville*.

Pour y voir clair dans ce domaine, il faut savoir que pour Diderot, le fondement d'un gouvernement est le bonheur qu'il apporte au peuple. « Il n'y a proprement qu'une vertu, c'est la justice, et qu'un devoir, c'est de se rendre heureux », écrit-il dès 1773 dans les *Mémoires pour Catherine II*. Or, si l'on se place du point de vue du bonheur de l'île, l'état sauvage est nettement supérieur, car il respecte la nature. En revanche, les sociétés civilisées souffrent, pense Diderot, de lois bizarres qui outragent la nature. Pire, elles infligent aux hommes trois codes contradictoires, qu'il est impossible de suivre en même temps, à savoir le code religieux, le code civil et le code de la nature :

> Parcourez l'histoire des siècles et des nations tant anciennes que modernes, et vous trouverez les hommes assujettis à trois codes, le code de la nature, le code civil et le code religieux, et contraints d'enfreindre alternativement ces trois codes qui n'ont jamais été d'accord ; d'où il est arrivé qu'il n'y a eu dans aucune contrée, comme Orou l'a deviné dans la nôtre, ni homme, ni citoyen, ni religieux (p. 82).

Cette idée de *B* est exprimée de manière plus pragmatique par Orou à travers une évocation des représentants respectifs de chacun de ces trois codes, le prêtre, le magistrat et la nature. Il imagine une situation concrète où ces trois maîtres ne seraient pas d'accord :

> Alors pour plaire au prêtre, il faudra que tu te brouilles avec le magistrat ; pour satisfaire le magistrat, il faudra que tu mécontentes le grand ouvrier, et pour te rendre agréable au grand ouvrier, il faudra que tu renonces à la nature. Et sais-tu ce qui en arrivera ? c'est que tu les mépriseras tous les trois, et que tu ne seras ni homme, ni citoyen, ni pieux, que tu ne seras rien ; que tu seras mal avec toutes

> les sortes d'autorité, mal avec toi-même, méchant, tourmenté par ton cœur, persécuté par tes maîtres insensés, et malheureux, comme je te vis hier au soir, lorsque je te présentai mes filles et que tu t'écriais : Mais ma religion ! mais mon état ! [...] (p. 59-60).

Non seulement la contradiction entre les trois codes empêche, aux yeux de Diderot, l'application de leurs décrets mais elle perturbe profondément l'homme civilisé. Elle crée en lui un malaise douloureux dont les affres de l'aumônier face aux filles charmantes d'Orou est l'exemple le plus frappant (→ LECTURE 3, p. 115).

Les causes de cette tension résident dans l'égocentrisme des hommes. Si les lois civiles sont contraires à la nature, c'est que les hommes politiques les ont conçues en vue de leur propre intérêt et non pas pour assurer le bien collectif. Pour Diderot, les seuls privilèges légitimes sont ceux qu'accorde la nature. Tous les autres ne sont que des injustices infligées aux hommes au bénéfice d'un seul. Et si les lois religieuses sont impraticables, c'est que les prêtres ont perverti la nature en attachant arbitrairement les noms de vices et de vertus à des actions qui n'étaient susceptibles en elles-mêmes d'aucune moralité :

> [...] on vit naître les termes pudeur, retenue, bienséance, des vertus et des vices imaginaires, en un mot, entre les deux sexes des barrières qui empêchassent de s'inviter réciproquement à la violation des lois qu'on leur avait imposées, et qui produisirent souvent un effet contraire, en échauffant l'imagination et en irritant les désirs (p. 88).

Or, selon Diderot, les mauvaises lois entraînent nécessairement de mauvaises mœurs : « Si les lois sont bonnes, les mœurs sont bonnes. Si les lois sont mauvaises, les mœurs sont mauvaises » (p. 82).

La solution qui paraît la plus évidente serait de régler les codes civil et religieux sur le code de la nature. C'est la conclusion logique que *A* tire des leçons de *B* : « Que le code des nations serait court, si on le conformait rigoureusement à celui de la nature ! combien d'erreurs et de vices épargnés à l'homme ! » (p. 91). Mais il s'agit plus là d'un rêve que d'un programme politique. Les problèmes que pose de manière aiguë Diderot dans le *Supplément* trouveront ailleurs leur réponse, c'est-à-dire dans les *Mémoires de Catherine II*, qu'il a composés à la suite de son séjour en Russie, et dans l'*Histoire du commerce des deux Indes* de l'abbé Raynal, à laquelle Diderot a largement collaboré.

À la tsarine, il conseillera de favoriser le développement industriel et commercial de la Russie car il est persuadé que le progrès économique profite à tout le monde, aux riches comme aux pauvres. Dans cette société en expansion, il y aura certes « toutes les sortes de vices que la nature inspire et que le fanatisme proscrit », tels que le libertinage et la prostitution, mais le crime disparaîtra. Le bonheur social régnera donc, selon les termes d'Yves Benot, « dans la diversité des bonheurs individuels libérés de tous préjugés[1] ».

Plus tard, dans l'édition de 1781 de l'*Histoire du commerce des deux Indes*, Diderot précisera qu'il faut commencer par réformer le code religieux en l'alignant sur les deux autres, puis rendre le code civil plus raisonnable en le conformant à l'esprit des Lumières. L'accord devrait ensuite aller de soi entre la loi éclairée et la loi naturelle. Mais, pour l'instant, le philosophe préconise un prudent statu quo, ce qui faisait dire à juste titre au professeur Dieckmann : « Dans une certaine mesure, le *Supplément* est une œuvre où le mirage se substitue à la volonté tenace de réforme[2]. »

---

1. Y. Benot, *Diderot, de l'athéisme à l'anticolonialisme*, FM/Fondation, 1981, p. 148.
2. Introduction au *Supplément au Voyage de Bougainville*, Genève, Droz et Lille, Giard, 1955, p. XCI.

15 Les habitants de Tahiti

LES DIFFÉRENTES FIGURES DE TAHITIENS

Contrairement aux personnages européens du *Supplément au Voyage de Bougainville*, les Tahitiens sont presque tous identifiés et personnalisés. Par exemple, les trois filles d'Orou jouent à peu près le même rôle dans l'histoire : elles sont toutes les trois belles, elles déshabillent et servent ensemble l'aumônier, elles passent à tour de rôle la nuit avec lui. L'auteur cependant prend soin de les nommer. Thia, qui intervient plus longtemps parce qu'elle est la première avec laquelle le prêtre succombe, acquiert même une certaine épaisseur psychologique. C'est une jeune femme qui souffre manifestement de ne pas avoir eu la chance d'enfanter, et qui se montre capable de reconnaissance et d'attachement.

Aotourou aussi, bien que son personnage ne soit que rapidement esquissé par *A* et *B* et qu'il serve surtout à représenter le bon sens des sauvages contre la folie des Européens, possède une certaine profondeur. *B* évoque la nostalgie qu'il éprouve loin des siens : « Il s'ennuyait parmi nous [...] Il ne cessait de soupirer après son pays. » Le goût de la liberté est chez lui, précise-t-il, « le plus profond des sentiments ». C'est donc un personnage qui ressent fortement les choses. Même si *B* emploie en examinant son cas le terme générique d'Otaïtien, c'est bien de lui qu'il est question ; c'est sa personnalité qui a servi de point de départ à cette généralisation sur son peuple (→ LECTURE 1, p. 102).

Mais les deux figures qui se détachent le plus du groupe des Tahitiens sont le vieillard et Orou. Le premier ne porte pas de nom. Son grand âge, gage de sagesse dans le texte, prime visiblement sur ses autres attributs. Il est campé dans une attitude de retrait face à la liesse insouciante des siens, ce qui contribue à le mettre en relief :

> Ils l'abordèrent, il leur tourna le dos et se retira dans sa cabane. Son silence et son souci ne décelaient que trop sa pensée : il gémissait en lui-même sur les beaux jours de son pays éclipsés. Au départ de Bougainville, lorsque les habitants accouraient en foule sur le rivage, s'attachaient à ses vêtements, serraient ses camarades entre leurs bras et pleuraient, ce vieillard s'avança d'un air sévère [...] (p. 39).

Cette sévérité en impose à ceux qui l'écoutent. À la fin de son discours, significativement, tous les auditeurs se taisent, sans doute saisis de crainte et de respect. Pour donner encore plus de poids à sa parole, Diderot en fait une sorte de démiurge ou de prophète, capable de commander à l'air et à la mer :

> À peine eut-il achevé, que la foule des habitants disparut, un vaste silence régna dans toute l'étendue de l'île, et l'on n'entendit que le sifflement aigu des vents et le bruit sourd des eaux sur toute la longueur de la côte. On eût dit que l'air et la mer sensibles à la voix du vieillard se disposaient à lui obéir (p. 47).

Orou est beaucoup plus jeune. Il a entre trente-cinq et trente-six ans comme l'aumônier. Ce point commun est important dans le parallèle qui est fait des Tahitiens et des Européens. Il souligne les différences que Diderot veut faire ressortir entre leurs deux modes de vie. La douleur causée par la religion et l'état de l'aumônier ressort d'autant plus qu'on peut la comparer au bonheur de vivre de son contemporain Orou.

C'est un personnage moins solennel que le vieillard, plus naturel que l'aumônier. Cela facilite l'identification du lecteur, identification recherchée par l'auteur. Dans le dialogue, il joue le rôle du bon sauvage, qui incarne le bon sens contre les chimères et les extravagances de son interlocuteur. Généreux dans ses offres, il illustre l'hospitalité tahitienne, même s'il est plus intéressé qu'il n'en a l'air, comme il l'avouera lui-même dans un élan de sincérité :

> Veux-tu que je te révèle un secret ? mais prends garde qu'il ne t'échappe. Vous arrivez, nous vous abandonnons nos femmes et nos filles, vous vous en étonnez, vous nous en témoignez une gratitude qui nous fait rire. Vous nous remerciez, lorsque nous asseyons sur toi et sur tes compagnons la plus forte de toutes les impositions.

> Nous ne t'avons point demandé d'argent ; nous ne nous sommes point jetés sur tes marchandises, nous avons méprisé tes denrées ; mais nos femmes et nos filles sont venues exprimer le sang de tes veines. Quand tu t'éloigneras, tu nous auras laissé des enfants ; ce tribut levé sur ta personne, sur ta propre substance, à ton avis, n'en vaut-il pas bien un autre ? (p. 77).

Par cette explication pragmatique de l'accueil des Tahitiens, Orou incarne à sa manière l'utilitarisme des Lumières. Son sens de l'intérêt n'est donc pas un trait forcément négatif dans l'esprit de Diderot.

COMPARAISON AVEC LES SAUVAGES DE VOLTAIRE ET DE LAHONTAN

L'Ingénu de Voltaire est un personnage plus haut en couleur que les Tahitiens de Diderot. Il n'a ni la gravité du vieillard tahitien ni même le sérieux du père de famille Orou. C'est un jeune homme fougueux dont l'impulsivité est à l'origine de bien des péripéties comiques, parfois grivoises. Par exemple, la scène où il prétend épouser Mlle de Saint-Yves à la mode huronne est des plus cocasses par les effets d'équivoque que le satiriste ne manque pas d'en tirer (→ TEXTE 4, p. 135). De ce point de vue-là, ce personnage voltairien serait plus proche d'Aotourou qui se jeta sur la première Européenne qui vint à sa rencontre pour « lui faire la politesse de Otaïti » (p. 35) ou des Tahitiens qui s'apprêtaient à faire à la jeune femme de l'équipage déguisée en homme la « civilité » de Tahiti (p. 51).

Mais d'une manière générale, mis à part la scène de tentation de l'aumônier, l'expérience tahitienne n'est pas pour Diderot l'occasion de plaisanteries gaillardes. C'est très sérieusement que les Tahitiens du *Supplément au Voyage de Bougainville* envisagent la question de la sexualité. Source de pathétique dans le discours du vieillard, cause d'étonnement dans l'entretien avec l'aumônier, objet de réflexion philosophique dans le dialogue entre *A* et *B*, la comparaison des mœurs tahitiennes avec celles des Européens est tout sauf un motif de frivolité.

On observe le même sérieux chez le sauvage de Lahontan, qui a certainement inspiré Diderot (→ TEXTE 1, p. 130). Comme Orou, Adario paraît sincèrement désireux de percer le mystère des mœurs apparemment absurdes des Européens. Alors que, dans *L'Ingénu*, la critique de la société s'opère pour ainsi dire par le fait, c'est-à-dire au moyen des réactions du jeune sauvage, dans les *Dialogues* de Lahontan, comme plus tard dans le *Supplément au Voyage de Bougainville*, la réflexion philosophique prime sur l'action. Bien plus, chez Lahontan, il n'existe même pas, comme chez Diderot, de passage narratif qui interrompe le dialogue, de sorte que les répliques atteignent une taille considérable, qui va parfois jusqu'à trois pages. Il en résulte que le texte de Lahontan est beaucoup plus écrit que celui de Diderot. Comme dans un livre, les raisonnements menés tant par le baron que par le sauvage sont plus longs et plus construits. On voit là s'affirmer, par comparaison, le talent littéraire de Diderot, qui parvient à allier les exigences de la fiction à celles de la philosophie.

16 Les représentants de la Vieille Europe

BOUGAINVILLE

C'est le seul personnage qui, dans le *Supplément*, soit l'émanation d'une personne ayant réellement existé. Il apparaît dans l'œuvre à la fois comme personnage historique dans la première section et comme personnage de la fiction dans la seconde.

En tant que personnage historique, il bénéficie dans le dialogue d'une image positive. Il est décrit comme un héros ayant traversé courageusement les mers en «s'expos[ant] aux périls de l'air, du feu, de la terre et de l'eau» (p. 28), pour le progrès de la science. Bien plus, ce navigateur savant est implicitement assimilé par Diderot à un philosophe, non seulement par les lumières qu'il a acquises au cours de sa mission scientifique, mais aussi par les qualités de véracité, d'observation, de circonspection, et la volonté de s'éclairer qu'il possédait déjà avant le voyage. Il paraît constituer pour Diderot un modèle, dans lequel il se reconnaît : il est significatif qu'il lui attribue «de la philosophie» (p. 27).

Pourtant, si selon les normes européennes il s'agit d'un être hors du commun, digne d'admiration, pour les Tahitiens, il est un dangereux envahisseur et un affreux perturbateur. Dès lors, par un étrange renversement, dans le discours du vieillard, il apparaît comme un personnage odieux. Le portrait qui est donné de lui par ce vieux sage, qui, dans le texte, relaye *B* comme porte-parole de l'auteur, est très négatif. Présenté comme un colonisateur, il est accusé de tous les maux. Qualifié par périphrase* de «chef des brigands», il perd tout son prestige pour devenir un esclavagiste (p. 40-41), un corrupteur, un malfaiteur et un criminel (p. 46).

L'AUMÔNIER

Ce personnage n'a pas de nom, il possède avant tout une fonction, qui est de représenter la religion. Sorte de pantin comique et caricatural entre les mains de Diderot, il est surtout un instrument au service de son anticléricalisme. Il finit néanmoins par acquérir une certaine densité psychologique. Celle-ci est déjà perceptible dans l'entretien quand il s'apitoie par exemple sur le sort des femmes laides (p. 75). Mais c'est surtout dans les notes qu'il laisse à l'issue de l'entretien qu'il se révèle davantage une personne humaine qu'un moyen destiné à servir une cause, la simple incarnation d'une doctrine. On le sent alors touché par l'ambiance tahitienne, sensible à la félicité de ce peuple, et plein de nostalgie et de tristesse au moment de s'en séparer. Il est d'ailleurs révélateur qu'à la fin l'auteur emploie par deux fois la périphrase* de « bon aumônier » pour le désigner (p. 80-81), alors qu'au début ce personnage était surtout la cible de sa verve satirique (→ LECTURE 3, p. 115).

MISS POLLY BAKER ET SES JUGES

Les juges devant lesquels Polly Baker comparaît sont également figés dans leur fonction, qui est d'incarner l'injustice et la dureté des lois. Même le séducteur de la jeune femme n'est pas nommé, il n'est jamais désigné que par les périphrases* « cet homme », « magistrat comme vous », « mon séducteur ». Autrement dit, plus que sa personnalité, ce qui importe ici, c'est son rôle dans l'histoire. Les hommes méchants comme lui portaient pourtant un nom dans les contes qui font pendant au *Supplément au Voyage de Bougainville* : Gardeil, Desroches... Cette différence montre que, dans le *Supplément*, Diderot s'intéresse plus à la situation de séduction, de déshonneur et de réparation qu'au problème moral de la méchanceté humaine, qui le préoccupe au premier chef dans *Ceci n'est pas un conte* et dans *Madame de La Carlière*.

La victime, en revanche, est nommée. C'est la seule, avec Bougainville, qui le soit parmi les représentants de la Vieille Europe. Mais l'authenticité de ce personnage n'est pas attestée, même si son aventure est rapportée dans l'*Histoire du commerce des deux Indes*. On ne trouve dans le texte aucune notation physique ni morale du narrateur à son sujet. En revanche, Polly Baker se caractérise elle-même comme « une fille malheureuse et pauvre », une fille d'une grande « simplicité » face à la malignité de son séducteur. Autant de signes caractéristiques qui la posent comme victime et sont à cet égard utiles à la démonstration de l'hypocrisie de la morale et de l'iniquité des lois qu'effectue l'auteur. Cette jeune femme est ainsi réduite aux seuls traits utiles à la cause défendue. Bien qu'elle soit nommée, elle sert donc avant tout un projet, au lieu de posséder une valeur propre. Même le titre de demoiselle que Diderot tient à lui donner (Miss Polly Baker, Miss Polly, Miss Baker) va dans le sens de son propos en soulignant son statut de mère célibataire.

A ET *B*

Ce sont des personnages anonymes, qui ne sont même pas campés comme l'aumônier et les juges dans leurs fonctions. Nous ne disposons d'aucune indication sur leur physique, ni même sur leurs gestes, comme c'était le cas pour l'aumônier. Ils paraissent désincarnés, à la différence par exemple de Jacques et son maître qui, bien qu'ils figurent eux aussi un mode de pensée (respectivement le fatalisme et la pensée commune), boivent, se querellent et souffrent du genou comme tout le monde.

A et *B* ne représentent même pas comme eux des types (le valet et le maître), ils incarnent plutôt des idées abstraites, une attitude philosophique devant les faits, un peu comme Pangloss illustre dans *Candide* le comportement du philosophe borné. *A* joue le rôle du sceptique* face à B, qui incarne par son enthousiasme l'esprit des Lumières. C'est ce dernier qui mène le jeu en donnant à lire le « Supplément » à *A* et en lui faisant la leçon (p. 90).

Mais, comme toujours dans les dialogues de Diderot, les deux interlocuteurs n'occupent pas une position définitivement fixée dans l'échange ; il leur arrive de s'influencer l'un l'autre. *B* parvient quelquefois à vaincre le scepticisme* de *A* et *A* ramène parfois *B* à plus de réalisme. Le plus curieux et le plus intéressant, c'est qu'à certains moments, vers la fin du dialogue, *A* soutient des idées de *B* : « Que le code des nations serait court si on le conformait rigoureusement à celui de la nature ! » (p. 91).

Inversement, il arrive à *B* se montrer plus réservé que *A* dans ses affirmations. Cela se produit par exemple à propos de la loi religieuse, de la loi civile et de la loi de nature (p. 88).

C'est de la confrontation de leurs idées plutôt que des seules leçons de *B*, en effet, que Diderot escompte le jaillissement d'une vérité, au moins provisoire[1].

Cette distribution des rôles européens dans le *Supplément au Voyage de Bougainville* est significative. Ce n'est pas tant le romancier qui parle à travers eux que le philosophe. Il donne la préséance aux idées sur la psychologie des personnages.

Par ailleurs, ces personnages sont presque tous négatifs, ils servent à condamner la vieille Europe, qu'ils incarnent à des titres divers. Même Miss Polly Baker, quoiqu'elle éveille chez le lecteur une certaine sympathie en tant que victime de l'injustice des lois, est une représentante, à sa manière, de la dégénérescence des mœurs.

A et *B*, qui sont neutres, révèlent, quant à eux, les tiraillements intérieurs de l'auteur, qui hésite entre nature et culture, entre primitivisme et lumières.

---

1. Il faut savoir qu'à l'époque de l'*Encyclopédie*, Diderot considérait encore comme *A* que la bienveillance était un sentiment inné. Le *Supplément au Voyage de Bougainville*, comme le montre Gerhardt Stenger, « constitue un tournant décisif dans la pensée politique et morale de Diderot » (« Diderot et la théorie des trois codes », *Ici et Ailleurs : le XVIIIe siècle au présent*, Tokyo, 1996, p. 153).

TROISIÈME PARTIE

Lectures analytiques

Lecture analytique **1**

Section I

(*Supplément au Voyage de Bougainville*, p. 37-38)

A. – Ô Aotourou, que tu seras content de revoir ton père, ta mère, tes frères, tes sœurs, tes compatriotes ! Que leur diras-tu de nous ?

B. – Peu de choses et qu'ils ne croiront pas.

A. – Pourquoi peu de choses ?

B. – Parce qu'il en a peu conçues, et qu'il ne trouvera dans sa langue aucuns termes correspondant à celles dont il a quelques idées.

A. – Et pourquoi ne le croiront-ils pas ?

B. – Parce qu'en comparant leurs mœurs aux nôtres, ils aimeront mieux prendre Aotourou pour un menteur que de nous croire si fous.

A. – En vérité ?

B. – Je n'en doute pas. La vie sauvage est si simple, et nos sociétés sont des machines si compliquées ! L' Otaïtien touche à l'origine du monde et l'Européen touche à sa vieillesse. L'intervalle qui le sépare de nous est plus grand que la distance de l'enfant qui naît à l'homme décrépit. Il n'entend rien à nos usages, à nos lois, ou il n'y voit que des entraves déguisées sous cent formes diverses, entraves qui ne peuvent qu'exciter l'indignation et le mépris d'un être en qui le sentiment de la liberté est le plus profond des sentiments.

A. – Est-ce que vous donneriez dans la fable d'Otaïti ?

B. – Ce n'est point une fable, et vous n'auriez aucun doute sur la sincérité de Bougainville, si vous connaissiez le Supplément de son Voyage.

A. – Et où trouve-t-on ce Supplément ?

B. – Là, sur cette table.

A. – Est-ce que vous ne me le confieriez pas ?

B. – Non, mais nous pourrons le parcourir ensemble, si vous voulez.

A. – Assurément, je le veux. Voilà le brouillard qui retombe et l'azur du ciel qui commence à paraître. Il semble que mon lot soit d'avoir tort avec vous jusque dans les moindres choses. Il faut que je sois bien bon pour vous pardonner une supériorité aussi continue.

B. – Tenez, tenez, lisez. Passez ce préambule qui ne signifie rien, et allez droit aux adieux que fit un des chefs de l'île à nos voyageurs. Cela vous donnera quelque notion de l'éloquence de ces gens-là.

A. – Comment Bougainville a-t-il compris ces adieux prononcés dans une langue qu'il ignorait ?

B. – Vous le saurez.

INTRODUCTION

Situer le passage

Un jour de brouillard, deux personnages anonymes *A* et *B* discutent à propos du *Voyage autour du monde* de Bougainville. *B*, qui est le porte-parole de l'auteur et le représentant des Lumières, vante à son interlocuteur sceptique* le bonheur des Tahitiens. Il évoque en particulier le jeune Tahitien Aotourou que Bougainville a ramené avec lui et qui n'a pu supporter les contraintes de la vie en France.

Dégager les axes de lecture

La comparaison entre la vie parisienne et la vie tahitienne s'exerce en faveur de cette dernière. Le point de vue adopté est celui du Tahitien, ce qui donne lieu à une leçon de relativisme pour le lecteur. Mais la présence de *A* permet de tempérer l'enthousiasme de *B* en posant le problème de la vérité, qui va peser sur l'ensemble de l'œuvre.

UNE LEÇON DE RELATIVISME

L'œil du sauvage

L'adoption d'un point de vue extérieur pour juger la société française est un procédé courant dans la littérature du XVIIIe siècle. Regarder la France avec l'œil du Persan comme Montesquieu ou avec celui du Huron comme Voltaire permet un recul critique par rapport à nos propres usages. « Que leur diras-tu de nous ? », demande *A* en pensée au Tahitien Aotourou. Le simple fait de déplacer le regard sur « nous » est déstabilisant, étant donné que, d'ordinaire, c'est le sauvage qui est l'objet de la curiosité de l'homme civilisé.

Mais la méthode ici est plus sophistiquée. Elle est doublement indirecte, puisque non seulement c'est le point de vue de Aotourou qui est adopté, mais en plus il est filtré par le personnage *B*. En effet, la question de *A* s'adresse bien à Aotourou mais, en son absence, c'est *B* qui répond à sa place. Cette double médiation du propos rend évidemment le jugement porté sur la société française doublement subjectif et donc extrêmement sujet à caution.

Elle fait en tout cas apparaître clairement que c'est en fait l'auteur qui parle à travers ses personnages, *B* évidemment mais aussi Aotourou.

Une théorie linguistique et philosophique

Derrière l'apparent décousu de la conversation se dessine une théorie, comme le montrent le passage du « tu » (« tu seras content », « diras-tu ») au « il » (« il n'entend rien », « il n'y voit ») et l'emploi de l'article généralisant « l' » (« l'Otaïtien »). Dans le cours de la conversation, on est passé de l'individu Aotourou au Tahitien en général. Si dans un premier temps, en effet, c'est le cas d'Aotourou qui fait l'objet de la réflexion de *A* et *B*, très rapidement son exemple particulier est dépassé et c'est de l'ensemble de son peuple qu'il s'agit.

Cette théorie est à la fois d'ordre linguistique et d'ordre philosophique. D'une part, il y a l'idée d'une stricte adéquation entre le langage et la pensée : l'homme ne peut, semble-t-il, penser qu'en fonction du nombre de mots dont il dispose. D'après cette conception du langage, le Tahitien, qui possède peu de mots, a forcément une pensée limitée. D'autre part, à travers ce texte, s'exprime une vision évolutive des sociétés, dont le développement est semblable à celui des individus. Diderot, comme nombre de ses contemporains, a une conception organique du corps social. Pour lui, les sociétés réagissent à la manière des organismes animaux, de l'enfance à la dégénérescence, en passant par l'âge mûr. Dans ce système politique, les sociétés sauvages sont jeunes et de ce fait manquent de maturité. D'où la présence dans le texte de plusieurs négations qui marquent l'impuissance du trop jeune Tahitien, telles que « il n'entend rien » et « il n'y voit que ». En revanche, selon Diderot, les sociétés civilisées sont trop mûres et par conséquent déjà entrées dans un processus de décrépitude.

Au moment où il écrit le *Supplément au Voyage de Bougainville*, c'est-à-dire à la fin de la période encyclopédique et juste avant son séjour en Russie, Diderot pense qu'une société avancée mais pas trop vieille comme celle des Russes pourrait représenter la société idéale. C'est sans doute mû par l'espoir d'œuvrer dans ce sens qu'il décide d'accepter en 1773 l'invitation de la tsarine à séjourner à Saint-Pétersbourg. Mais le résultat ne sera pas à la hauteur de son rêve de despotisme éclairé*. Catherine II ne sera pas ce monarque philosophe que l'auteur de l'article « Philosophe » de l'*Encyclopédie* appelait de ses vœux[1]. Malgré les leçons journalières du philosophe, elle reste une souveraine autoritaire, qui maintient le servage sur ses terres et refuse d'accomplir les réformes proposées par son hôte pour le bonheur de son peuple.

1. Après avoir rappelé la remarque de l'empereur Antonin, qui vantait le bonheur d'un peuple sous un roi philosophe, Dumarsais écrivait : « Le vrai philosophe est donc un honnête homme qui agit en tout par raison, et qui joint à un esprit de réflexion et de justesse, les mœurs et les qualités sociables. Entez [greffez] un souverain sur un philosophe d'une telle trempe, et vous aurez un parfait souverain. »

DEUXIÈME AXE DE LECTURE
UNE INCITATION À LA VÉRITÉ

Fable et vérité

L'exagération de *B* au sujet de la supériorité des mœurs tahitiennes n'échappe pas à *A*, qui pose un problème de fond, celui de la véracité des faits. « En vérité ? », demande-t-il, étonné par la critique que *B* fait de nos mœurs. Et surtout il l'accuse directement d'affabulation : « Est-ce que vous donneriez dans la fable de Tahiti ? » Grâce à l'intervention de ce contradicteur, l'auteur évite de s'enfermer dans un discours univoque* et dogmatique*, même si *A* n'hésite pas à admettre que *B* a raison : « Il semble que mon lot soit d'avoir tort avec vous jusque dans les moindres choses. » Le scepticisme* de *A* ouvre la voie à la libre discussion et l'auteur prend, grâce à son intervention, un sain recul critique par rapport à ses propres convictions. Le lecteur est ainsi invité à sortir de ses certitudes sans pour autant tomber dans l'illusion.

En même temps, l'auteur soumet son texte au jugement critique du lecteur, représenté par *A*. Il met en place une procédure de vérification typique des Lumières. L'article « Philosophe » de l'*Encyclopédie* (rédigé par le philosophe grammairien Dumarsais mais revu et corrigé par Diderot) recommandait à ce sujet de ne pas confondre la vérité avec la vraisemblance et de « prend[re] pour vrai ce qui est vrai, pour faux ce qui est faux, pour douteux ce qui est douteux, et pour vraisemblable ce qui n'est que vraisemblable ». C'est indéniablement cette attitude critique qu'adopte *A*.

Diderot, enfin, est confronté ici à des difficultés qu'il rencontre fréquemment dans ses écrits romanesques. Il a à régler, en tant qu'auteur de fiction, la question de la vraisemblance du récit : comment Bougainville a-t-il pu comprendre les adieux de ce Tahitien dont il ignorait la langue ? Mais aussi : comment se fait-il que ce sauvage s'exprime si bien ? Il prévient ces deux objections en imaginant un traducteur au vieillard, qui n'est autre qu'Orou (p. 48), et en prêtant une grande éloquence à « ces gens-là ».

Mise en abyme

Afin d'authentifier son texte, l'auteur exhibe un «Supplément» au récit de voyage de Bougainville. Le supplément était un genre utilisé au XVIIIe siècle pour apporter un complément ou une critique à une relation de voyage ou un rapport scientifique. Mais ici il s'agit d'un document qui relève de la pure fiction littéraire. Cela nous invite d'emblée à ne pas prendre trop au sérieux les propos échangés à son sujet, même si finalement la fiction s'avérera aussi probante qu'un texte de l'*Encyclopédie*[1].

Troublante aussi est l'expression qui sert à écarter le préambule de ce «Supplément» : «*B.* – Tenez, tenez, lisez. Passez ce préambule qui ne signifie rien.» Par cette ellipse, l'auteur se dispense de donner au lecteur les garanties de véracité que ce préambule pouvait contenir et il souligne par opposition le caractère signifiant des adieux qui vont suivre : si l'on maintient la lecture de ce passage-là, c'est que, lui, a un sens.

Diderot, enfin, met en place, dans cette section inaugurale, les données du débat qui s'engage. Au moyen de la retombée du brouillard, il annonce clairement les rôles respectifs d'élève et de maître que vont jouer *A* et *B* au cours du dialogue : de même qu'il admet qu'il s'est trompé sur l'évolution du brouillard, *A* reconnaît sans réserve la «supériorité» de *B* dans la discussion.

Si la mise en abyme* par laquelle l'œuvre s'évoque elle-même à son début nous laisse perplexe, elle n'en est donc pas moins éclairante sur les intentions de l'auteur, qui affiche sa volonté de faire fi de la logique et de la vraisemblance au profit du sens, de l'idée.

---

1. Anthony Strugnell fait remarquer que «Diderot cherchait, à travers le *Supplément au Voyage de Bougainville,* [...] à faire ressortir la logique inhérente et la vérité globale de la colonisation, en suppléant par son imagination à l'élément qui manquait le plus souvent aux sources livresques auxquelles il était obligé de se fier, le point de vue de l'autre, du colonisé» («Fable et vérité dans les écrits de Diderot sur le colonialisme», in *Recherches sur Diderot et sur l'Encyclopédie*, n° 30, avril 2001, p. 35).

CONCLUSION

Dans la voie ouverte par Montaigne, Diderot évoque un sauvage confronté à la société française. Comme son prédécesseur, il l'utilise pour critiquer les mœurs européennes. L'un comme l'autre se réfèrent à un épisode réel : la venue de trois cannibales à Rouen en 1562 est attestée par les historiens et le séjour d'Aotourou à Paris est rapporté par Bougainville. Mais là s'arrêtent les ressemblances. Diderot va plus loin que Montaigne. L'aventure d'Aotourou sert de tremplin à son imagination. Elle débouche sur un dialogue imaginaire entre le Tahitien et les siens, qui aboutit à son tour à un exposé théorique sur l'état sauvage. Du cas particulier d'Aotourou, *B* passe à la catégorie générale du Tahitien pour l'opposer à l'Européen. Il ouvre ainsi, dans ce texte inaugural, le débat qui va se dérouler tout au long du *Supplément au Voyage de Bougainville* sur les mérites respectifs des sociétés tahitienne et européenne. Mais si *B* fait pencher la balance du côté du sauvage, le lecteur est déjà prévenu grâce à *A* qu'il faudra dans la discussion raison garder et ne pas tomber « dans la fable d'Otaïti ».

Lecture analytique **2**

Section II

(*Supplément au Voyage de Bougainville*, p. 43-44)

[…] Malheur à cette île ! malheur aux Otaïtiens présents et à tous les Otaïtiens à venir, du jour où tu nous as visités ! Nous ne connaissions qu'une maladie, celle à laquelle l'homme, l'animal et la plante ont été condamnés, la vieillesse, et tu nous en as apporté une autre ; tu as infecté notre sang. Il nous faudra peut-être exterminer de nos propres mains nos filles, nos femmes, nos enfants, ceux qui ont approché tes femmes, celles qui ont approché tes hommes. Nos champs seront trempés du sang impur qui a passé de tes veines dans les nôtres, ou nos enfants condamnés à nourrir et à perpétuer le mal que tu as donné aux pères et aux mères et qu'ils transmettront à jamais à leurs descendants. Malheureux ! tu seras coupable ou des ravages qui suivront les funestes caresses des tiens, ou des meurtres que nous commettrons pour en arrêter le poison. Tu parles de crimes, as-tu l'idée d'un plus grand crime que le tien ? Quel est chez toi le châtiment de celui qui tue son voisin ? La mort par le fer. Quel est chez toi le châtiment du lâche qui l'empoisonne ? La mort par le feu. Compare ton forfait à ce dernier, et dis-nous, empoisonneur de nations, le supplice que tu mérites ? Il n'y a qu'un moment la jeune Otaïtienne s'abandonnait avec transport aux embrassements du jeune Otaïtien ; elle attendait avec impatience que sa mère, autorisée par l'âge nubile, relevât son voile et mît sa gorge à nu ; elle était fière d'exciter les désirs et d'irriter les regards amoureux de l'inconnu, de ses parents, de son frère ; elle acceptait sans frayeur et sans honte, en notre présence, au milieu d'un cercle d'innocents Otaïtiens, au son des flûtes, entre les danses, les caresses de celui que son jeune cœur et la voix secrète de ses sens lui désignaient. L'idée du crime et le péril de la maladie sont entrés avec toi parmi nous. Nos jouissances autrefois si douces sont accompagnées de remords et d'effroi. Cet homme noir qui est près de toi, qui m'écoute, a parlé à nos garçons ; je ne sais ce qu'il a dit à nos filles, mais nos garçons hésitent, mais nos filles rougissent. Enfonce-toi, si tu veux, dans la forêt obscure avec la compagne perverse de tes plaisirs, mais accorde aux bons et simples Otaïtiens de se reproduire sans honte, à la face du ciel et au grand jour. Quel sentiment plus honnête et plus grand pourrais-tu mettre à la place de celui que nous leur avons inspiré et qui les anime ? Ils pensent que le moment d'enrichir la nation et la famille d'un nouveau citoyen est venu, et ils s'en glorifient. Ils mangent pour vivre et pour croître : ils croissent pour multiplier, et ils n'y trouvent ni vice, ni honte. [...]

INTRODUCTION

Situer le passage

B vient de vanter le bonheur de vivre à Tahiti, tel qu'il ressort du *Voyage autour du monde*. Afin de convaincre *A* qu'il ne s'agit pas d'une fable, il lui propose de parcourir avec lui un « Supplément » qui a été ajouté au récit du voyageur. La lecture commence directement par les adieux faits par un vieux chef tahitien aux Européens. Il s'agit en fait d'un violent réquisitoire contre ces derniers.

Dégager les axes de lecture

Ce discours virulent porte d'une part sur les maux physiques apportés à Tahiti par les voyageurs, d'autre part sur le crime moral perpétré par eux. En contrepoint, Diderot – par la bouche de son personnage – propose une idylle* tahitienne qui met en avant la sexualité libre et heureuse des habitants de l'île.

PREMIER AXE DE LECTURE
LES MAUX PHYSIQUES

Vocabulaire de la maladie

Le terme de « maladie » qui est employé vers la fin du texte fait référence aux affections vénériennes importées dans l'île par les voyageurs européens. Le compte rendu initial de Diderot sur le *Voyage* de Bougainville était plus explicite. Parlant du Tahitien, le philosophe disait en s'adressant à l'auteur : « Il ne connaissait point une vilaine maladie, vous la lui avez portée, et bientôt ses jouissances seront affreuses » (voir p. 105). Mais les formules très visuelles et réalistes : « tu as infecté notre sang » et « trempés du sang impur qui a passé de tes veines dans les nôtres » par lesquelles Diderot évoque cette contamination dans le *Supplément*, parlent davantage à l'imagination du lecteur et soulignent d'autant plus la responsabilité de Bougainville. La répétition de l'image du poison, à travers les mots « poison », « empoisonne », « empoisonneur » qui scandent le texte, vient encore renforcer l'accusation.

Conséquences de l'infection

Au crime de Bougainville répond celui des Tahitiens, obligés de tuer pour éviter la propagation du mal. Le vieillard met fortement l'accent, en jouant sur les sonorités en « on », sur les meurtres que les siens commettront « pour en arrêter le poison ». Il annonce brutalement : « Il nous faudra peut-être exterminer de nos propres mains nos filles, nos femmes, nos enfants, ceux qui ont approché tes femmes, celles qui ont approché tes hommes. » L'argumentation probante de ce vieux sage est soutenue par les ressources de son style. On note dans la phrase la présence de groupements ternaires : filles/femmes/enfants, puis un rythme binaire, souligné par une construction anaphorique* : « ceux qui... ; celles qui... ». Ces distinctions font cruellement ressortir l'exclusion introduite au sein de cette société harmonieuse qu'était la société tahitienne avant l'arrivée des colons.

DEUXIÈME AXE DE LECTURE

LE CRIME MORAL

Jugement de Bougainville

Vivement interpellé par un « tu » direct, le navigateur est désigné par une apostrophe péjorative (« Malheureux »), qui a l'allure d'une malédiction biblique, et par une formule incisive (« empoisonneur de nations »). Cette périphrase* comporte, du fait de l'emploi du pluriel « nations », une exagération qui lui donne plus de portée. Par ailleurs, abondent dans le texte les termes qui expriment la culpabilité de Bougainville (« tu seras coupable », « as-tu l'idée d'un plus grand crime que le tien ? », « ton forfait »), en même temps que les questions rhétoriques accusatrices : « Quel est chez toi le châtiment de celui qui tue son voisin ? », « Quel est chez toi le châtiment du lâche qui l'empoisonne ? ». Enfin, l'adverbe de temps « à jamais », employé à propos du mal que les Tahitiens transmettront à leurs descendants, aggrave le cas de l'accusé en soulignant l'irréversibilité de la faute.

Destruction de la société tahitienne

De cette faute originelle ont découlé toutes sortes de conséquences funestes qui ont semé, selon le vieillard, le désordre dans l'île. Des termes appartenant au champ lexical de la honte (« remords », « honte » et « rougissant ») et de la peur (« frayeur », « effroi ») martèlent la diatribe* du Tahitien, lui donnant plus de force. Ces accusations abstraites sont complétées par des exemples concrets, qui sont autant de preuves par le fait du crime. Dans un style imagé, Diderot brosse des tableaux saisissants des dégâts causés par la colonisation. On croirait voir ces jeunes gens remplis de malaise au moment de s'unir et ces figures honteuses qui se glissent dans la forêt à la recherche de leur plaisir.

TROISIÈME AXE DE LECTURE
L'IDYLLE TAHITIENNE

Nostalgie du passé

Elle est marquée par les adverbes ou compléments de temps («autrefois», «il n'y a qu'un moment») qui s'accumulent dans le texte. D'autre part, il règne dans l'évocation du vieillard une opposition constante entre un passé idyllique et un présent désastreux, appuyée sur l'antithèse des verbes à l'imparfait et des verbes au présent. La Tahitienne, par exemple, «s'abandonnait», «attendait avec impatience», «acceptait sans frayeur» et voilà que les filles comme elle «rougissent». Certains détails poétiques aussi traduisent le regret d'un passé heureux, comme la mention du voile que la mère relevait pour annoncer la nubilité de sa fille ou celle des flûtes qui accompagnaient les ébats des jeunes gens.

Plaisir des sens

Ce texte est empreint d'épicurisme*. Il chante la volupté des sens. Les joies de l'attente amoureuse y sont mises en relief, qu'elles soient décrites de manière directe («elle attendait avec impatience») ou détournée («la voix secrète de ses sens»). Sont également indiqués les gestes érotiques des «embrassements» et des «caresses» et la douceur des sensations, appelées de façon suggestive «transport» ou «jouissances [...] si douces». Malgré les termes convenus, nous avons affaire dans ce passage à une évocation sentie et communicative du plaisir des sens. Diderot sacrifie ici au mythe de la Nouvelle Cythère[1] que les voyageurs ont vue en Tahiti.

1. Île d'Aphrodite, dans la mer Ionienne, réputée dans la Grèce antique pour les plaisirs de l'amour.

Innocence des Tahitiens

Cette Nouvelle Cythère est paradoxalement en même temps un paradis terrestre où règne l'innocence, comme l'indique l'antithèse constante entre la pure sexualité des Tahitiens et les mœurs corrompues des Européens. Aux « innocents Otaïtiens », aux « bons et simples Otaïtiens » s'oppose « la compagne perverse de tes plaisirs ». Ce qui se fait « au grand jour » et sans honte à Tahiti s'opère de façon dissimulée, « dans la forêt obscure », en Europe. Le contraste fait ressortir la corruption des mœurs européennes. Pour Diderot, en effet, ce n'est pas la liberté des mœurs qui entraîne le vice mais les interdits moraux, comme on le verra dans l'entretien entre Orou et l'aumônier.

CONCLUSION

On sait que ce discours enflammé a été rédigé par Diderot sous le coup de l'enthousiasme qu'a suscité en lui la lecture du *Voyage autour du monde* de Bougainville. Dans le compte rendu analytique qu'il a fait de l'ouvrage, il s'adressait à Bougainville pour l'implorer de ne pas mettre fin au bonheur des Tahitiens en introduisant chez eux la propriété, le crime et la débauche. En mettant ces propos dans la bouche de l'une de ses victimes, Diderot les rend à la fois plus incisifs et plus dramatiques. En choisissant son orateur parmi les vieux chefs de l'île, il apporte en plus une caution morale à sa critique. Mais surtout le recul qu'il a pris par rapport au premier jet de son travail lui a permis de développer sa réflexion : dans le *Supplément au Voyage de Bougainville*, la diatribe* du vieillard, tout en conservant son allure de cri du cœur, devient une dénonciation raisonnée de la colonisation.

Lecture analytique 3

Section III

(*Supplément au Voyage de Bougainville*, p. 55-56)

Ici le véridique aumônier convient que jamais la Providence ne l'avait exposé à une aussi pressante tentation. Il était jeune ; il s'agitait, il se tourmentait ; il détournait ses regards des aimables suppliantes, il les ramenait sur elles ; il levait ses yeux et ses mains au ciel. Thia, la plus jeune, embrassait ses genoux et lui disait : « Étranger, n'afflige pas mon père, n'afflige pas ma mère, ne m'afflige pas. Honore-moi dans la cabane et parmi les miens ; élève-moi au rang de mes sœurs qui se moquent de moi. Asto, l'aînée, a déjà trois enfants ; Palli, la seconde, en a deux, et Thia n'en a point. Étranger, honnête étranger, ne me rebute pas ; rends-moi mère : fais-moi un enfant que je puisse un jour promener par la main, à côté de moi, dans Otaïti, qu'on voie dans neuf mois attaché à mon sein, dont je sois fière, et qui fasse une partie de ma dot lorsque je passerai de la cabane de mon père dans une autre. Je serai peut-être plus chanceuse avec toi qu'avec nos jeunes Otaïtiens. Si tu m'accordes cette faveur, je ne t'oublierai plus ; je te bénirai toute ma vie ; j'écrirai ton nom sur mon bras et sur celui de ton fils, nous le prononcerons sans cesse avec joie ; et lorsque tu quitteras ce rivage, mes souhaits t'accompagneront sur les mers jusqu'à ce que tu sois arrivé dans ton pays. »

Le naïf aumônier dit qu'elle lui serrait les mains, qu'elle attachait sur ses yeux des regards si expressifs et si touchants, qu'elle pleurait, que son père, sa mère et ses sœurs s'éloignèrent, qu'il resta seul avec elle, et qu'en disant, Mais ma religion ! mais mon état ! il se trouva le lendemain couché à côté de cette jeune fille qui l'accablait de caresses, et qui invitait son père, sa mère et ses sœurs, lorsqu'ils s'approchèrent de son lit le matin, à joindre leur reconnaissance à la sienne. Asto et Palli qui s'étaient éloignées rentrèrent avec les mets du pays, des boissons et des fruits. Elles embrassaient leur sœur et faisaient des vœux sur elle. Ils déjeunèrent tous ensemble, ensuite Orou, demeuré seul avec l'aumônier, lui dit :

Je vois que ma fille est contente de toi ; et je te remercie. [...]

INTRODUCTION

Situer le passage

B vient de lire à son interlocuteur *A* le passage du « Supplément » qui décrit l'hospitalité d'Orou à l'égard de l'aumônier de l'équipage. Le Tahitien offre à son hôte l'une de ses filles pour la nuit, en insistant pour qu'il choisisse Thia, qui n'a jamais eu le bonheur d'enfanter. Le texte rapporte malicieusement les vains efforts de l'homme de Dieu pour résister à la tentation.

Dégager les axes de lecture

Une grande partie du plaisir du lecteur est liée au dynamisme de la narration. Un autre attrait du texte provient du comique issu de la position gênante et tentante dans laquelle se trouve le prêtre. Mais le plus savoureux pour le lecteur est peut-être l'attitude, paradoxale* pour un Européen, de la jeune Thia.

PREMIER AXE DE LECTURE
LA VIVACITÉ DU RÉCIT

Les différents modes d'énonciation

Au lieu de continuer à transcrire au style direct l'entretien entre Orou et l'aumônier, l'auteur fait une pause pour rapporter le récit de l'aumônier, d'abord au style indirect (« Ici le véridique aumônier convient que... »), puis au style indirect libre (« Il était jeune ; il s'agitait... »). En variant ainsi les modes d'énonciation, Diderot évite la monotonie. Chacun de ces types d'énoncés possède son intérêt propre. Le discours direct, qui rapporte les paroles des interlocuteurs telles qu'elles ont été prononcées, produit un effet de naturel. Le discours indirect, qui introduit les propos par un verbe déclaratif (ici « convient », puis « dit ») et une conjonction de subordination, alourdit la phrase mais permet d'aller à l'essentiel en ne conservant que les éléments significatifs de l'échange verbal. Le discours indirect libre, qui supprime la conjonction mais garde les marques grammaticales du style indirect (changement de pronom et de temps), cumule, quant à lui, tous les avantages : aussi léger que le discours direct, il est aussi suggestif que le discours indirect.

Le rythme alerte

L'auteur imprime par ailleurs au récit une certaine vivacité en utilisant des phrases courtes, presque uniquement constituées de sujets et de verbes d'action. Le lecteur est ainsi entraîné dans le mouvement sans que son attention puisse faiblir. La supplication de Thia se déroule sur le même rythme. Elle comporte quelques formules laconiques comme « Rends-moi mère », qui résume en trois mots l'essentiel de sa démarche. Et quand les phrases sont longues, elles sont découpées en séquences qui s'enchaînent rapidement et marquent les étapes successives du programme de Thia : « Fais-moi un enfant, etc. » (l. 12 à 16). Il en va de même ensuite pour les gestes d'hommage et de bénédiction que la jeune Tahitienne promet à son hôte. La phrase est scandée par les verbes qui énoncent les faits à venir : « je ne t'oublierai plus », « je te bénirai toute ma vie », « j'écriraiton nom », « nous le prononcerons », « mes souhaits t'accompagneront ». Il résulte de cet enchaînement d'actions un vif effet de mouvement.

La rapidité du dénouement

Quant au passage qui narre la chute de l'aumônier, il contient une ellipse temporelle. On passe directement du moment où l'homme de Dieu résiste encore à la tentation à la scène où il se réveille auprès de Thia. On enchaîne ensuite sans aucune pause sur la présence autour du lit du reste de la famille. Cette accélération du temps rend le récit très vivant ; elle souligne en outre l'attrait irrésistible de la nature dont Diderot entend faire la démonstration. Une fois le processus enclenché, rien ne semble pouvoir arrêter le mouvement. Les événements se précipitent pour ce prêtre, qui en est tout étourdi. Le dénouement, enfin, est rapporté en peu de mots, qui indiquent l'arrivée des autres membres de la famille au matin et leur contentement. Ainsi l'auteur n'encombre pas le texte de détails superflus pouvant détourner l'attention de son propos philosophique, qui est de montrer l'absurdité de la morale chrétienne.

DEUXIÈME AXE DE LECTURE
LE COMIQUE DE LA SCÈNE

Comique de situation et de gestes

Il tient d'abord à la situation embarrassante dans laquelle se trouve cet homme qui a fait vœu de chasteté, devant cette offre si tentante. L'auteur s'amuse à peindre son trouble dans une série de phrases courtes qui détaillent ses gestes affolés et ajoutent un comique de gestes au comique de situation. Les postures et mimiques successives que le personnage adopte (agitation, mouvements des yeux, élévation des mains) en disent sans doute plus sur son état intérieur que ne le ferait une analyse psychologique précise. Selon Diderot, le langage du corps est plus éloquent que celui des mots et, en plus, il ne ment pas, alors qu'on peut tromper avec des mots. C'est pourquoi l'auteur privilégie dans cette description les indications corporelles par rapport à la notation des sentiments et des mots.

Comique de caractère et de mots

Il se dégage aussi un comique de caractère des différentes périphrases* qui sont employées pour désigner le prêtre. Le narrateur le qualifie de « véridique aumônier » et de « naïf aumônier ». Thia elle-même a perçu sa droiture, elle l'appelle « honnête étranger ». Il s'agit en effet d'un personnage sincère qui avoue honnêtement la tentation dont il est victime. La candeur avec laquelle il rapporte les faits porte à rire.

Enfin l'expression qu'il réitère au moment de succomber (« mais ma religion, mais mon état ») introduit dans la scène un comique de mots, pareil à celui qu'on trouve dans les pièces de Molière. En fin de compte, on a affaire ici à un texte très théâtral, ce qui le rend très percutant.

TROISIÈME AXE DE LECTURE
ÉTRANGETÉ DES MŒURS TAHITIENNES

Effet de décalage décapant

Diderot joue aussi dans ce passage sur l'effet de décalage entre la morale européenne et les idées de Thia. Le raisonnement de la jeune fille est en effet des plus surprenants pour un esprit européen. Dans son pays, une fille afflige ses parents quand un jeune homme refuse de passer la nuit avec elle. « Étranger, n'afflige pas mon père, n'afflige pas ma mère, ne m'afflige pas », répète Thia. Ces Tahitiens voient un honneur insigne là où un Européen verrait un affreux déshonneur. Le père, du reste, loin d'en vouloir à son invité, le remerciera le lendemain pour ce qu'il considère comme une faveur et non une honte pour la famille. Ces écarts entre ce qu'attendrait le lecteur et ce que produit le texte concourent à la remise en cause de la morale européenne.

Effet de surprise dérangeant

Un autre effet de surprise provient de l'ordre dans lequel Thia prévoit les événements futurs, c'est-à-dire qu'elle prévoit d'enfanter avant de quitter la maison de son père : « Fais-moi un enfant que je puisse un jour promener par la main [...] et qui fasse une partie de ma dot, lorsque je passerai de la cabane de mon père dans une autre. » Ce détail est troublant pour un Occidental. En faisant ainsi ressortir la différence de comportement entre les deux peuples, Diderot ébranle le lecteur bien pensant dans ses certitudes et le conduit à réfléchir sur la relativité des mœurs et le bien-fondé de ses propres habitudes.

Effet de contraste subversif

Un dernier contraste entre les valeurs européennes et les critères tahitiens achève de déconsidérer la morale traditionnelle : ce n'est pas l'argent qui va constituer la dot de Thia mais son enfant. Une leçon est ainsi donnée indirectement par Diderot aux Européens qui s'estiment plus civilisés que les sauvages tahitiens mais accordent plus de prix à un avantage matériel qu'à un être humain. Pour finir, les allusions que fait la jeune fille aux bénédictions qu'elle prononcera et aux inscriptions qu'elle portera sur son bras en reconnaissance pour son bienfaiteur ressemblent fort à une transposition parodique des prescriptions de l'Ancien Testament sur les hommages qu'il convient de rendre à Dieu. Ce rapprochement désacralise la divinité pour transférer le sacré sur l'homme. De cette façon, Diderot subvertit les valeurs en hissant l'humanité au premier rang. On retrouve là l'humanisme des Lumières, tel qu'il est exprimé par la phrase de Térence que les philosophes aiment à citer : « Je suis homme et rien de ce qui est humain ne m'est étranger[1]. »

CONCLUSION

Ce texte cocasse tranche à la fois avec le sérieux du dialogue philosophique entre *A* et *B* et avec le ton solennel et dramatique de la diatribe* du vieillard. Il ménage une pause comique dans le déroulement sinueux du *Supplément au Voyage de Bougainville*. Il se rattache néanmoins étroitement au sujet central de l'œuvre. Au-delà

---

1. On la trouve par exemple à la fin de l'article « Droit naturel » de l'*Encyclopédie*, écrit par Diderot.

de son aspect satirique, en effet, il pose le problème de l'incompatibilité entre l'impulsion de la nature et les devoirs imposés à un ecclésiastique. Il illustre ainsi parfaitement la théorie des trois codes énoncée par Diderot. Comme l'explique Orou, pour se conformer au code religieux, l'aumônier doit renoncer à la nature et s'il cède, comme ici, à ses instincts naturels, il se met en infraction avec sa religion. Cette scène, qui raconte sa chute, consacre finalement le triomphe de la nature.

Lecture analytique **4**

Section V

(*Supplément au Voyage de Bougainville*, p. 96-97)

A. – […] Que ferons-nous donc ? Reviendrons-nous à la nature ? Nous soumettrons-nous aux lois ?

B. – Nous parlerons contre les lois insensées jusqu'à ce qu'on les réforme et en attendant nous nous y soumettrons. Celui qui de son autorité privée enfreint une loi mauvaise, autorise tout autre à enfreindre les bonnes. Il y a moins d'inconvénients à être fou avec des fous qu'à être sage tout seul. Disons-nous à nous-mêmes, crions incessamment qu'on a attaché la honte, le châtiment et l'ignominie à des actions innocentes en elles-mêmes, mais ne les commettons pas, parce que la honte, le châtiment et l'ignominie sont les plus grands de tous les maux. Imitons le bon aumônier, moine en France, sauvage dans Otaïti.

A. – Prendre le froc du pays où l'on va, et garder celui du pays où l'on est.

B. – Et surtout être honnête et sincère jusqu'au scrupule avec des êtres fragiles qui ne peuvent faire notre bonheur sans renoncer aux avantages les plus précieux de nos sociétés. Et ce brouillard épais, qu'est-il devenu ?

A. – Il est retombé.

B. – Et nous serons encore libres cet après-dîner de sortir ou de rester ?

A. – Cela dépendra, je crois, un peu plus des femmes que de nous.

B. – Toujours les femmes ; on ne saurait faire un pas sans les rencontrer à travers son chemin.

A. – Si nous leur lisions l'entretien de l'aumônier et d'Orou ?

B. – À votre avis, qu'en diraient-elles ?

A. – Je n'en sais rien.

B. – Et qu'en penseraient-elles ?

A. – Peut-être le contraire de ce qu'elles en diraient.

INTRODUCTION

Situer le passage

À l'issue du dialogue entre *A* et *B* qui a fait ressortir la supériorité des mœurs tahitiennes sur les nôtres, la question se pose tout naturellement de savoir s'il faut aligner notre comportement sur celui de ce peuple en revenant comme lui à la nature. *B* donne à cette question une réponse inattendue, plus conservatrice que son discours ne le laissait prévoir.

Dégager les axes de lecture

Si *B* demeure celui qui détient la vérité, *A* a beaucoup progressé depuis le début du dialogue. Un rééquilibrage des rôles s'est opéré dans cette scène conclusive. Pourtant cette conclusion n'en est pas vraiment une, dans la mesure où elle rompt avec les propos qui ont été tenus jusque-là et surtout du fait qu'elle ouvre sur différentes possibilités au lieu de clore le débat. En fin de compte, la parole de *B* n'est subversive que dans ses analyses de la société, pas dans les conséquences politiques qu'il tire de ses critiques.

PREMIER AXE DE LECTURE
DISTRIBUTION DES RÔLES ENTRE *A* ET *B*

La domination de *B*

B tient incontestablement le rôle dominant dans le dialogue. Son ton est doctoral et ses propos didactiques*. Comme l'indiquent les impératifs qu'il emploie, c'est lui qui dicte la conduite de ceux qui l'écoutent. L'infinitif «être» a la même valeur injonctive que les impératifs, ainsi que le futur «nous parlerons» (à la différence de «et nous serons», qui marque une simple constatation).

La coopération de *A*

Mais *A* n'est pas sans pouvoir sur le cours de la discussion. Il fait avancer le débat vers la résolution du problème en interrogeant *B* : «Que ferons-nous donc ?» Puis il souligne la conclusion de *B* en s'en faisant l'écho. Lorsqu'il dit : «Prendre le froc du pays où l'on va, et garder celui du pays où l'on est», il n'énonce rien de personnel ; il ne fait que reprendre en miroir, sous une forme imagée, la conclusion de *B*. Finalement, il intervient pour indiquer que le brouillard est retombé. Sa présence permet ainsi de pallier l'absence de décor. C'est par ses yeux que le lecteur est tenu au courant de l'évolution climatique.

Inversion des rôles

On peut même dire qu'en cette fin de dialogue, il arrive à *A* de mener le jeu. Il reprend l'initiative quand il s'agit de l'attitude à avoir avec les femmes : «Si nous leur lisions l'entretien de l'aumônier et d'Orou ?» Et même *B* le consulte en demandant : «Qu'en penseraient-elles ?» Il lui échoit donc d'avoir le mot final, à propos de ce que feraient les femmes, qui est «peut-être le contraire que ce qu'elles en diraient». Comme le dit Jacques Chouillet, «Diderot a voulu donner le dernier mot au lecteur, en un geste de suprême élégance[1]».

DEUXIÈME AXE DE LECTURE
UNE CLÔTURE OUVERTURE

Ruptures

Cet extrait qui se situe à la fin de l'œuvre n'est pas dans la continuité de l'ensemble. Il rompt avec le déroulement logique de la démonstration, dans la mesure où l'on attendrait, après l'éloge de la société tahitienne, une conclusion qui pousse le lecteur à l'imiter. Or *B* ne préconise pas le changement mais la soumission aux lois,

1. Notice introductive à l'édition du Livre de poche, n° 5925, p. 207.

fussent-elles « insensées ». On note aussi une rupture de ton avec la réflexion philosophique qui précède. Après avoir atteint des sommets intellectuels, les interlocuteurs terminent en échangeant quelques galanteries sur les dames.

Une double ouverture

Au lieu d'être conclusif, ce texte ouvre sur autre chose. Il appelle à un nouveau dialogue sur le « Supplément » : « Si nous leur lisions [aux femmes] l'entretien de l'aumônier et d'Orou ? » Il incite en outre à poser un autre regard sur les femmes : ce serait en quelque sorte l'application concrète de la leçon tirée du dialogue. Mais rien n'est fixé d'avance, comme le donnent à penser le « peut-être » qui ouvre vers d'autres possibilités et le conditionnel qui laisse planer l'incertitude :

> *B.* – Et qu'en penseraient-elles ?
> *A.* – Peut-être le contraire de ce qu'elles en diraient.

TROISIÈME AXE DE LECTURE
SAGESSE ET FOLIE

L'individu devant la loi

Si *B* rejette le retour à la nature, c'est parce qu'il estime nécessaire de respecter l'autorité publique, au lieu de donner libre cours à son autorité privée. Diderot soutient en effet l'idée que l'individu ne peut se placer au-dessus des lois. Cette position s'explique par des raisons pratiques, dictées par le souci de l'ordre social : « Celui qui de son autorité privée enfreint une mauvaise loi autorise tout autre à enfreindre les bonnes. » C'est aussi le sens de l'*Entretien d'un père avec ses enfants*, dont le sous-titre est : *Du danger de se mettre au-dessus des lois*. À la fin d'un dialogue plutôt contestataire, le père de famille confie à son fils (un philosophe en lequel on reconnaît aisément Diderot) : « Je ne serais pas trop fâché [...] qu'il y eût dans la ville un ou deux citoyens comme toi ; mais je n'y habiterais pas s'ils pensaient tous de même. »

Le fou n'est pas celui qu'on croit

Par une curieuse inversion des valeurs, le fou est présenté ici comme celui qui respecte la loi, le conformiste en quelque sorte, alors que le sage serait celui qui la transgresse. Une image, présentée sous forme de chiasme[1], permet à Diderot de souligner la nécessité de s'adapter à la société dans laquelle on vit au lieu de fronder les règles établies :

> *B.* – […] moine en France, sauvage dans Otaïti.
> *A.* – Prendre le froc du pays où l'on va, et garder celui du pays où l'on est.

Cela signifie, en l'occurrence, qu'il ne faut pas commettre les actes considérés comme répréhensibles dans sa société, même s'ils ne le sont pas, car les jugements infamants qu'on leur a attachés sont « les plus grands de tous les maux ». Cette idée ferme la boucle du texte en renvoyant au sous-titre du *Supplément au Voyage de Bougainville*, qui est : *Dialogue entre A et B sur l'inconvénient d'attacher des idées morales à des actions physiques qui n'en comportent pas*.

La fonction ludique du texte

Ce n'est pas en définitive un bilan entièrement négatif de la société française que dresse *B*. Quand il parle des « avantages les plus précieux de nos sociétés », cela suppose qu'elles en ont malgré tout. Diderot, contrairement à Rousseau, continue en effet à croire dans le progrès. Il ne souhaite pas du tout par conséquent revenir en arrière. Le bonheur de l'homme ne se situe pas forcément à ses yeux dans un passé idéalisé où régnait l'état de nature. On en vient même à se demander si la dimension ludique du texte n'est pas plus importante pour lui que sa fonction critique. Il s'agit peut-être plus au fond pour l'auteur de jouer avec les mots et les notions – pour son plus grand

1. Le *chiasme* est une figure de style qui met en relief une idée en croisant des éléments qui auraient dû normalement être présentés de manière parallèle. Ici « moine en France » est repris plus loin par « garder celui du pays où l'on est », alors que « sauvage dans Otaïti » est repris immédiatement par « prendre le froc du pays où l'on va ».

plaisir et celui du lecteur – que d'aboutir à un changement de société.

CONCLUSION

Avec ce texte se clôt l'échange qui s'est engagé entre *A* et *B* un jour de brouillard. La dissipation symbolique de cette nappe épaisse qui empêchait de voir marque l'achèvement du dialogue. La discussion pourtant est loin d'être close. Si *B* a pu établir la supériorité des mœurs tahitiennes sur les mœurs européennes, il ne conclut pas pour autant à la nécessité d'aligner les secondes sur les premières. Comme l'a bien dit Orou, il ne s'agit pas d'accuser les mœurs de l'Europe par celles de Tahiti et vice versa (p. 73). Les sociétés, pense Diderot qui est déterministe*, connaissent une évolution naturelle contre laquelle il est difficile de lutter. La sagesse consiste donc à s'adapter aux usages du pays où l'on vit, en attendant une réforme profonde de la société.

Annexes

Groupement de textes « Nature et société »

Texte 1

Baron de Lahontan, *Dialogues de M. le baron de Lahontan et d'un sauvage* (1703), Premier dialogue : « De la religion ».

LAHONTAN

J'avoue, mon cher frère, que tu as raison, et je ne saurais me lasser d'admirer l'innocence de tous les peuples sauvages. C'est ce qui fait que je souhaiterais de tout mon cœur qu'ils connussent la sainteté de nos Écritures, c'est-à-dire cet Évangile dont nous avons tant parlé ; il ne leur manquerait autre chose que cela pour rendre leurs âmes éternellement bienheureuses. Vous vivez tous si moralement bien que vous n'auriez qu'une seule difficulté à surmonter pour aller en paradis. C'est la fornication parmi les gens libres de l'un et de l'autre sexe, et la liberté qu'ont les hommes et les femmes de rompre leurs mariages, pour changer réciproquement, et s'accommoder au choix de nouvelles personnes. Car le grand Esprit a dit que la mort ou l'adultère pouvaient seuls rompre ce lien indissoluble.

ADARIO

Nous parlerons une autre fois de ce grand obstacle que tu trouves à notre salut, avec plus d'attention ; cependant je me contenterai de te donner une seule raison sur l'un de ces deux points, c'est la liberté des filles et des garçons. Premièrement un jeune guerrier ne veut point s'engager à prendre une femme qu'il n'ait fait quelque campagne contre les Iroquois[1], pris des esclaves pour le servir à son village, à la chasse et à la pêche, et qu'il ne sache parfaitement bien chasser et pêcher ; d'ailleurs, il ne veut pas s'énerver par le fréquent exercice de l'acte vénérien, dans le temps que sa force lui permet de servir sa nation contre ses ennemis ; outre qu'il ne veut pas exposer une femme et des enfants à la douleur de le voir tué ou pris. Or, comme il est impossible qu'un jeune homme puisse se contenir totalement sur cette matière, il ne faut pas trouver mauvais que les garçons, une ou deux fois le mois, recherchent la compagnie des filles et que ces filles souffrent celle des garçons ; sans cela, nos jeunes gens en seraient extrêmement incommodés, comme l'exemple l'a fait voir envers plusieurs qui, pour mieux courir, avaient gardé la continence ; et d'ailleurs nos filles auraient la bassesse de se donner à nos esclaves.

LAHONTAN

Crois-moi, mon cher ami, Dieu ne se paye pas de ces raisons-là, il veut qu'on se marie, ou qu'on n'ait aucun commerce avec le sexe. Car, pour une seule pensée amoureuse, un seul désir, une simple volonté de contenter sa passion brutale, il faut brûler éternellement. Et quand tu trouves de l'impossibilité dans la continence, tu donnes un démenti à Dieu, car il n'a ordonné que des choses possibles. On peut se modérer quand on le veut ; il ne faut que le vouloir. Tout homme qui croit en Dieu doit suivre ces préceptes, comme nous avons dit. On résiste à la tentation par le secours de sa grâce qui ne nous manque jamais. Vois, par exemple, les jésuites, crois-tu qu'ils ne soient pas tentés quand ils voient de belles filles dans ton village ? Sans contredit ils le sont ; mais ils appellent Dieu à leur secours ; ils passent leur vie,

1. *Entendre* : sans avoir fait quelque campagne contre les Iroquois.

aussi bien que nos prêtres, sans se marier, ni sans avoir aucun commerce criminel avec le sexe. C'est une promesse solennelle qu'ils font à Dieu, quand ils endossent l'habit noir. Ils combattent toute leur vie les tentations ; il se faut faire de la violence pour gagner le Ciel : il faut fuir les occasions de peur de tomber dans le péché. On ne saurait mieux les éviter qu'en se jetant dans les cloîtres.

Texte 2

Montesquieu, *Lettres persanes* (1721), Lettre XIV.

Comme le peuple grossissait tous les jours, les Troglodytes crurent qu'il était à propos de se choisir un roi. Ils convinrent qu'il fallait déférer la couronne à celui qui était le plus juste, et ils jetèrent tous les yeux sur un vieillard vénérable par son âge et par une longue vertu. Il n'avait pas voulu se trouver à cette assemblée ; il s'était retiré dans sa maison, le cœur serré de tristesse.

Lorsqu'on lui envoya des députés pour lui apprendre le choix qu'on avait fait de lui : « À Dieu ne plaise, dit-il, que je fasse ce tort aux Troglodytes, que l'on puisse croire qu'il n'y a personne parmi eux de plus juste que moi ! Vous me déférez la couronne, et, si vous le voulez absolument, il faudra bien que je la prenne. Mais comptez que je mourrai de douleur d'avoir vu en naissant les Troglodytes libres et de les voir aujourd'hui assujettis. À ces mots, il se mit à répandre un torrent de larmes. « Malheureux jour ! disait-il ; et pourquoi ai-je tant vécu ? » Puis il s'écria d'une voix sévère : « Je vois bien ce que c'est, ô Troglodytes ! votre vertu commence à vous peser. Dans l'état où vous êtes, n'ayant point de chef, il faut que vous soyez vertueux malgré vous : sans cela, vous ne sauriez subsister, et vous tomberiez dans le malheur de vos premiers pères. Mais ce joug vous paraît trop dur ; vous aimez mieux être soumis à un prince et obéir à ses lois, moins rigides que vos mœurs. Vous savez que, pour lors, vous pourrez contenter votre ambition, acquérir des richesses et languir dans une lâche volupté, et que, pourvu que vous évitiez de tomber dans les grands crimes, vous n'aurez pas besoin de la vertu. » Il s'arrêta un moment et ses larmes coulèrent plus que jamais. « Eh ! que prétendez-vous que je fasse ? Comment se peut-il que je commande quelque chose à un Troglodyte ? Voulez-vous qu'il fasse une action vertueuse parce que je la lui commande, lui qui la ferait tout de même sans moi, et par le seul penchant de sa nature ? Ô Troglodytes ! je suis à la fin de mes jours, mon sang est glacé dans mes veines, je vais bientôt revoir vos sacrés aïeux : pourquoi voulez-vous que je les afflige, et que je sois obligé de leur dire que je vous ai laissés sous un autre joug que celui de la vertu ? »

Texte 3

Jean-Jacques Rousseau, ***Discours sur l'origine de l'inégalité parmi les hommes*** (1755), seconde partie.

Le premier qui ayant enclos un terrain s'avisa de dire : Ceci est à moi, et trouva des gens assez simples pour le croire, fut le vrai fondateur de la société civile. Que de crimes, de guerres, de meurtres, que de misères et d'horreurs n'eût point épargné au genre humain celui qui, arrachant les pieux ou comblant le fossé, eût crié à ses semblables : « Gardez-vous d'écouter cet imposteur ; vous êtes perdus si vous oubliez que les fruits sont à tous, et que la terre n'est à personne ! » Mais il y a grande apparence qu'alors les choses en étaient déjà venues au point de ne plus pouvoir durer comme elles étaient : car cette idée de propriété, dépendant de beaucoup d'idées antérieures qui n'ont pu naître que successivement, ne se forma pas tout d'un coup dans l'esprit humain : il fallut faire bien des progrès, acquérir bien de l'industrie et des lumières, les transmettre et les augmenter d'âge en âge, avant que d'arriver à ce dernier terme de l'état de nature. Reprenons les choses de plus haut, et tâchons de rassembler sous un seul point de vue cette lente succession d'événements et de connaissances dans leur ordre le plus naturel. [...]

Tant que les hommes se contentèrent de leurs cabanes rustiques, tant qu'ils se bornèrent à coudre leurs habits de peaux avec des épines ou des arêtes, à se parer de plumes et de coquillages, à se peindre le corps de diverses couleurs, à perfectionner ou embellir leurs arcs et leurs flèches, à tailler avec des pierres tranchantes quelques canots de pêcheurs ou quelques grossiers instruments de musique ; en un mot, tant qu'ils ne s'appliquèrent qu'à des ouvrages qu'un seul pouvait faire, et qu'à des arts qui n'avaient pas besoin du concours de plusieurs mains, ils vécurent, libres, bons, sains et heureux autant qu'ils pouvaient l'être par leur nature et continuèrent à jouir entre eux des douceurs d'un commerce indépendant : mais dès l'instant qu'un homme eut besoin du secours d'un autre, dès qu'on s'aperçut qu'il était utile à un seul d'avoir des provisions pour deux, l'égalité disparut, la propriété s'introduisit, le travail devint nécessaire et les vastes forêts se changèrent en des campagnes riantes qu'il fallut arroser de la sueur des hommes, et dans lesquelles on vit bientôt l'esclavage et la misère germer et croître avec les moissons.

Texte **4**

Voltaire, *L'Ingénu* (1767), chapitre VI.

À peine l'Ingénu était arrivé, qu'ayant demandé à une vieille servante où était la chambre de sa maîtresse, il avait poussé fortement la porte mal fermée, et s'était élancé vers le lit. Mademoiselle de Saint-Yves, se réveillant en sursaut, s'était écriée : « Quoi ! c'est vous ! arrêtez-vous, que faites-vous ? » Il avait répondu : « Je vous épouse », et en effet il l'épousait, si elle ne s'était pas débattue avec toute l'honnêteté d'une personne qui a de l'éducation.

L'Ingénu n'entendait pas raillerie ; il trouvait toutes ces façons-là extrêmement impertinentes. « Ce n'était pas ainsi qu'en usait mademoiselle Abacaba, ma première maîtresse ; vous n'avez point de probité ; vous m'avez promis mariage, et vous ne voulez point faire mariage : c'est manquer aux premières lois de l'honneur ; je vous apprendrai à tenir votre parole, et je vous remettrai dans le chemin de la vertu. »

L'Ingénu possédait une vertu mâle et intrépide, digne de son patron Hercule, dont on lui avait donné le nom à son baptême ; il allait l'exercer dans toute son étendue, lorsqu'aux cris perçants de la demoiselle plus discrètement vertueuse accourut le sage abbé de Saint-Yves, avec sa gouvernante, un vieux domestique dévot, et un prêtre de la paroisse. Cette vue modéra le courage de l'assaillant. « Eh, mon Dieu ! mon cher voisin, lui dit l'abbé, que faites-vous là ? – Mon devoir, répliqua le jeune homme ; je remplis mes promesses, qui sont sacrées. »

Mademoiselle de Saint-Yves se rajusta en rougissant. On emmena l'Ingénu dans un autre appartement. L'abbé lui remontra l'énormité du procédé. L'Ingénu se défendit sur les privilèges de la loi naturelle, qu'il connaissait parfaitement. L'abbé voulut prouver que la loi positive devait avoir tout l'avantage, et que sans les conventions faites entre les hommes, la loi de nature ne serait jamais qu'un brigandage naturel. « Il faut, lui disait-il, des notaires, des prêtres, des témoins, des contrats, des dispenses. » L'Ingénu lui répondit par la réflexion que les sauvages ont toujours faite : « Vous êtes donc de bien malhonnêtes gens, puisqu'il faut entre vous tant de précautions ? »

L'abbé eut de la peine à résoudre cette difficulté. « Il y a, dit-il, je l'avoue, beaucoup d'inconstants et de fripons parmi nous ; et il y en aurait autant chez les Hurons s'ils étaient rassemblés dans une grande ville ; mais aussi il y a des âmes sages, honnêtes, éclairées, et ce sont ces hommes-là qui ont fait les lois. Plus on est homme de bien, plus on doit s'y soumettre : on donne l'exemple aux vicieux, qui respectent un frein que la vertu s'est donné elle-même. »

Lexique

Anaphore : répétition au début de plusieurs phrases ou membres de phrases d'une même expression.

Apologie : au sens traditionnel, discours écrit destiné à défendre une personne ou une doctrine. Au sens courant, éloge.

Arbitraire : qui dépend de la volonté ou de la fantaisie d'une ou de plusieurs personnes, au lieu de se justifier par la raison ou par la loi.

Asyndète : absence de liaison grammaticale entre deux mots qui ont entre eux un rapport étroit.

Cartésien : propre à la philosophie de Descartes (1596-1650). Par extension, qui présente les qualités intellectuelles caractéristiques de ce philosophe : logique et rationalité.

Charge : figure polémique de grossissement qui consiste à accumuler les défauts sur un être.

Déisme : le déiste croit en l'existence d'un Dieu créateur mais ne reconnaît aucune des trois grandes religions révélées (par ordre chronologique, le judaïsme, le christianisme et l'islam). Il n'observe par conséquent aucun culte préétabli. Sa religion est celle que la nature peut lui dicter, d'où le terme de « religion naturelle » que l'on emploie aussi pour désigner le déisme. Montesquieu, Voltaire, Rousseau étaient déistes, alors que Diderot était athée (du grec *atheos,* « sans dieu », formé de *theos*, dieu, précédé du préfixe privatif *a*).

Despotisme éclairé : doctrine des philosophes du XVIIIe siècle, selon laquelle le souverain doit gouverner selon les lumières de la raison. Diderot espéra que la tsarine Catherine II, qui se piquait de philosophie, réaliserait ce rêve mais elle déçut ses espoirs.

Déterminisme : doctrine philosophique selon laquelle tous les événements sont déterminés par l'enchaînement des événements qui les ont précédés. C'est ce système, hérité du philosophe Spinoza (1632-1677), que soutient Diderot dans *Jacques le fataliste*.

Diatribe : discours oral violent et injurieux prononcé contre une personne ou un événement choquant.

Didactique : qui a pour objet d'enseigner.

Dogmatique : qui affirme des opinions catégoriques, à la différence du sceptique*, qui pratique le doute systématique. Les religions établissent des dogmes ou points de doctrine considérés comme des vérités indiscutables.

Épicurisme : doctrine du philosophe grec Épicure (341-270 av. J.-C.). Par extension, morale qui repose sur la recherche du plaisir.

Genèse : ensemble des éléments qui ont contribué à la production d'une œuvre d'art.

Heuristique : qui permet la découverte. Ce mot vient du grec *heuriskein*, « trouver ». On en trouve la racine dans le cri d'Archimède, *eurêka* (« j'ai trouvé »), lorsqu'il découvrit en prenant son bain la notion de poids spécifique, qui devait aboutir à son fameux théorème. En pédagogie, une méthode heuristique est une méthode qui consiste à faire trouver par lui-même à l'élève, comme Socrate, ce qu'on veut lui enseigner.

Hypertexte/hypotexte : dans les termes du critique Gérard Genette, l'hypotexte est celui qui sert de base à un autre texte, qui s'en inspire. L'hypertexte est celui qui dérive de cet emprunt.

Idylle : dans la poésie grecque, petit poème à sujet pastoral et amoureux. Par extension, l'adjectif « idyllique » a fini par signifier « merveilleux, idéalisé ».

Maïeutique : méthode d'interrogation socratique qui consiste à accoucher les esprits des idées qui sont en eux.

Matérialisme : voir **Monisme**.

Mise en abyme : insertion dans un texte d'une évocation de ce même texte.

Monisme : système philosophique qui considère l'univers comme réductible à une seule substance (du grec *monos*, « seul »). Le monisme matérialiste de Diderot, qui réduit l'ensemble des êtres à la matière, s'oppose au dualisme cartésien qui pose l'existence de l'âme et du corps.

Paradoxe : idée contraire à l'opinion commune.

Périphrase : figure de style qui consiste à remplacer le mot exact par une formule ou une définition («la capitale de la France» au lieu de «Paris»). Elle permet d'insister sur un aspect particulier de la chose ou de la personne ainsi qualifiée.

Polype : animal tentaculaire ou excroissance muqueuse. Le terme est utilisé comme métaphore de la structure des textes de Diderot, qui se développent dans toutes les directions.

Polyphonie (polyphonique) : terme musical qui désigne la combinaison des voix dans une composition ou un chant à plusieurs voix. On l'emploie dans la critique pour parler de la pluralité des voix narratives dans un texte.

Rhapsode : poète qui, dans la Grèce antique, se déplaçait de ville en ville pour chanter ses textes. Ces poèmes chantés (*ôde* a donné en français le mot «ode») étaient assemblés maladroitement, «cousus» entre eux (du verbe grec *rhaptein*, «coudre»), d'où le terme de **rhapsodie** que l'on emploie pour désigner un texte constitué de plusieurs morceaux, plus ou moins bien reliés entre eux.

Récurrent : désigne un mot, une image, un thème qui revient souvent dans un texte.

Redondance : expression de la même idée sous des formes différentes.

Satire : genre littéraire conçu à l'origine comme un pot-pourri de libres propos (du latin *satira*, «mélange»), puis satire en vers dans laquelle l'auteur dénonce les vices de ses contemporains. Contrairement au pamphlet, elle a pour règle de ne pas lancer d'attaque personnelle.

Sceptique : philosophe qui pratique le **scepticisme**, c'est-à-dire le doute systématique. Par extension, personne qui adopte une attitude incrédule sur un problème particulier.

Sensualiste : philosophe adepte du **sensualisme**, philosophie héritée de l'Anglais Locke, diffusée en France par Condillac (1715-1780), qui fait des sens l'origine de toutes les idées.

Univoque : qui ne possède qu'un seul sens (du latin *unus,* «un» et *vox, vocis*, «voix»).

Bibliographie

SUR DIDEROT

- LEPAPE Pierre, *Diderot*, Paris, Flammarion, 1991.
- WILSON Arthur, *Diderot, sa vie et son œuvre*, Paris, Laffont, coll. « Ramsay », 1985.
- WOTLING Olivier, *Diderot*, Paris, Nathan, coll. « Balises », 1996.

SUR LA PHILOSOPHIE DE DIDEROT

- CHOUILLET Jacques, Diderot, Paris, SEDES, 1977.
- DE FONTENAY Élisabeth, *Diderot ou le matérialisme enchanté*, Paris, Le Livre de Poche, 1984.
- POMEAU René, Diderot, Paris, PUF, 1967.

SUR TAHITI AU XVIIIe SIÈCLE

- BOUGAINVILLE Louis-Antoine de, *Voyage autour du monde par la frégate du Roi La Boudeuse et la flûte L'Étoile*, Paris, Gallimard, présenté par Jacques Proust, 1982.
- MARTIN-ALLANIC J.-E., *Bougainville navigateur et les découvertes de son temps*, Paris, PUF, 1964, 2 vol.
- TAILLEMITE Édouard, *Bougainville et ses compagnons autour du monde, 1766-1769*, Paris, Éd. Imprimerie nationale, 1977, 2 vol.
- VIBART Éric, *Tahiti. Naissance d'un paradis au siècle des Lumières*, Paris, Éditions Complexe, coll. « La mémoire des siècles », 1985.

SUR LE *SUPPLÉMENT AU VOYAGE DE BOUGAINVILLE*

Il n'existe pas d'étude critique spécifiquement consacrée au *Supplément au Voyage de Bougainville* mais on pourra trouver des présentations intéressantes de l'œuvre dans les ouvrages suivants :

- BENOT Yves, *Diderot, de l'athéisme à l'anticolonialisme*, Paris, Maspero, 1970. Retrace l'itinéraire intellectuel du Diderot militant.

• Dieckmann Herbert (publié par), *Supplément au Voyage de Bougainville*, Genève, Droz, 1955. Comporte une introduction de 140 pages qui est un véritable essai critique sur l'œuvre.

• Duchet Michèle, *Anthropologie et Histoire au siècle des Lumières*, Paris, Maspero, 1971 ; rééd. allégée Flammarion, 1977. Voir 2e partie, chapitre V sur l'anthropologie de Diderot.

• Papin Bernard, *Sens et Fonction de l'utopie tahitienne dans l'œuvre politique de Diderot*, Oxford, Voltaire Foundation, 1988. En grande partie consacré au *Supplément au Voyage de Bougainville*.

• Stenger Gerhardt, *Nature et Liberté chez Diderot après l'Encyclopédie*, Paris, Universitas, 1994. Aborde en particulier la question du droit des peuples à l'insurrection et celle du danger de se mettre au-dessus des lois.

On pourra consulter utilement aussi l'introduction au *Supplément au voyage de Bougainville* dans les *Œuvres complètes* de Diderot, Éd. le Club français du livre, t. X, 1971, p. 138-149, ainsi que l'introduction générale aux *Contes* de Diderot dans les *Œuvres complètes*, éd. Hermann, t. XII, 1989, p. 355-383.

Index

Guide pour la recherche des idées

Anticléricalisme

Bougainville

Composition de l'œuvre

Éloquence

Épicurisme

Fécondité

Narration

Nature

Sauvage

Union de l'homme et de la femme

Vérité

Voix narratives

Les références renvoient aux pages du Profil.

156 **Ponge**, Le parti pris des choses et autres recueils
28 **Prévert**, Paroles
6 **Prévost (abbé)**, Manon Lescaut
263 **Primo Levi**, Si c'est un homme
75 **Proust**, À la recherche du temps perdu
233/234 **Queneau**, Les fleurs bleues
62 **Rabelais**, Gargantua / Pantagruel
149 **Racine**, Andromaque
193 **Racine**, Bérénice
109 **Racine**, Britannicus
189 **Racine**, Iphigénie
39 **Racine**, Phèdre
227/228 **Renoir**, La règle du jeu
55 **Rimbaud**, Poésies
246 **Rimbaud**, Une saison en enfer / Illuminations
215/216 **Rousseau**, Les confessions (Livres I à IV)
61 **Rousseau**, Rêveries du promeneur solitaire
243 **Sarraute**, Enfance
31 **Sartre**, Huis clos
194 **Sartre**, Les mots
18 **Sartre**, La nausée
209/210 **Senghor**, Éthiopiques
170 **Shakespeare**, Hamlet
169 **Sophocle**, Œdipe roi
44 **Stendhal**, La chartreuse de Parme
20 **Stendhal**, Le rouge et le noir
86 **Tournier**, Vendredi ou les limbes du Pacifique
148 **Vallès**, L'enfant
247 **Verlaine**, Fêtes galantes et autres recueils
218 **Vian**, L'écume des jours
262 **Voltaire**, Candide
113 **Voltaire**, L'ingénu
188 **Voltaire**, Zadig et Micromégas
35 **Zola**, L'assommoir
77 **Zola**, Au bonheur des dames
100 **Zola**, La bête humaine
8 **Zola**, Germinal
235 **Zola**, Thérèse Raquin
248 **Zweig**, Le joueur d'échecs

TEXTES EXPLIQUÉS

160 **Apollinaire**, Alcools
131 **Balzac**, Le père Goriot
141/142 **Baudelaire**, Les fleurs du mal / Le spleen de Paris
135 **Camus**, L'étranger
159 **Camus**, La peste
143 **Flaubert**, L'éducation sentimentale
108 **Flaubert**, Madame Bovary
110 **Molière**, Dom Juan
166 **Musset**, Lorenzaccio
161 **Racine**, Phèdre
107 **Stendhal**, Le rouge et le noir
236/237 20 textes expliqués du XVIe siècle
220 **Verlaine**, Poésies
104 **Voltaire**, Candide
136 **Zola**, Germinal

BAC 2003 QUESTIONS TRAITÉES

Bac Littérature Tle L: les questions d'oral et d'écrit

PROFIL HISTOIRE LITTÉRAIRE

114/115 50 romans clés de la littérature française
174 25 pièces de théâtre de la littérature française
119 Histoire de la littérature en France au XVIe siècle
120 Histoire de la littérature en France au XVIIe siècle
139/140 Histoire de la littérature en France au XVIIIe siècle
123/124 Histoire de la littérature en France au XIXe siècle
125/126 Histoire de la littérature et des idées en France au XXe siècle
128/129 Mémento de la littérature française
151/152 Le théâtre: problématiques essentielles
179/180 La tragédie racinienne
181/182 Le conte philosophique voltairien
183/184 Le roman d'apprentissage au XIXe siècle
197/198 Les romans de Malraux : problématiques essentielles
201/202 Le drame romantique
223/224 Les mythes antiques dans le théâtre français du XXe siècle
229/230 Le roman naturaliste: Zola, Maupassant
231 Maîtres et valets dans la comédie du XVIIIe siècle
250/251 La poésie au XIXe et au XXe siècle
252/253 Les mouvements littéraires du XVIe au XVIIIe siècle
254/255 Les mouvements littéraires du XIXe et du XXe siècle
256/257 Le roman et la nouvelle
258/259 La tragédie et la comédie
260/261 Le biographique

GROUPEMENT DE TEXTES

95 La fuite du temps: de Ronsard au XXe siècle
98 La critique de la société au XVIIIe siècle
111 L'autobiographie
130 Le héros romantique
155 La critique de la guerre

PROFIL PRATIQUES DU BAC

617/618 La dissertation
619/620 Le commentaire
621/622 L'écriture d'invention
1000 Le dictionnaire portatif du bachelier

Suivi éditorial : Isabelle Chave
Maquette : Tout pour plaire
Mise en page : Graphismes

Bussière Camedan Imprimeries à Saint-Amand (Cher), Franc
D. L. : septembre 2002. N° d'édit. : 27534. N° d'imp. : 024180/